Edgar Cayce

Archive selection

エドガー・ケイシーのアーカイブセレクション

ソウルメイトと魂の仲間たち

Soul Mates & Soul Companions

［著］

ケビン・J・トデッシー

Kevin J. Todeschi

［訳］

清水登功

Noboru Shimizu

多くの人たちはソウルメイトの関係はとにかく人生を完全にする完璧な結びつき――現代社会で人気のある考え方――であると信じてきました。エドガー・ケイシーは、人はソウルメイトや魂の仲間たちを持っているという考えに確かに同意はしていましたが、彼の考え方は全く異なっていて、最終的にはもっと有益なものでした。

ケイシーはソウルメイトの状況は二人の人間の間に存在する完璧な関係というよりむしろ、継続中の学び、成長、そして経験のプロセスであると信じていました。完璧な関係は単に発見されるのではなく、作られるべきものなのです。

ある人たちは現世で理想的な関係を持っているように見えるかもしれませんが、ケイシーの情報はこういうタイプの関係は、二人が一緒に取り組むことを学ぶにつれて時間をかけて進化したのだと示唆しています。しばしば、人は「ソウルメイト」と思われる人を求めて煩わしい関係を捨てるのですが、結局、困難や苦労が新しい関係でも同じように起きるのを発見するだけなのです。ほとんどの場合、他の人たちは私たちの問題の原因ではありません――彼らは私たちの魂の成長と私たちが変容する必要のある教訓に出合わせてくれているにすぎません。

何十年にもわたり、ケイシーは何千人もの人々に彼らの人生においてポジティブな魂の関係を作るための実践的で役に立つアドバイスを与えました。その関係がカップル間、友人間、家族間、あるいはただ困難を抱えている二人の間であるかどうかに関係なく、ケイシーは私たちの最終的な目的はお互いに変容して成長することを助けることだと信じていました。理想的には、さまざまな人間関係の中で、一緒にいる機会を持つことによって、私たちは学習し、より良い人間になるのです。

彼の透視能力のおかげで、ケイシーは時間の経過と共に人間関係が発展するのを見る能力と、過去世の関係がどのように現世に影響を与えるのかを説明する能力を持っていました。ソウルメイトの関係は、魂がさまざまな時と場所で別の人の形で再開する人との継続的なつながりです。

そのつながりによって、二人は自分自身を知るようになって創造主との関係に気づくようになります。これらのソウルメイトのつながりは性的な関係の中だけにあるのではなく、親と子、友人や家族、同僚、そして私たちが最も苦手だと思う人たちとの間にも存在します。このため、各個人は個人的な成長のプロセスで助けてくれる多くのソウルメイトや魂の仲間を持っています。確かに、これらの魂の関係のすべては目的があるのです。

エドガー・ケイシーのソウルメイトと魂の仲間

ツインソウル、ソウルメイト、完璧なパートナー――理想的な関係のこれらのイメージは幻想でしょうか？　それともあるいは根拠があるものなのでしょうか？　これらのような関係は本当に存在するのでしょうか？　そしてもし存在するのなら、それらに対して何ができるでしょうか？　異なる生涯にまたがる家族のメンバーや他の人たちとのカルマの関係や現在進行している課題についてはどうでしょうか？

これらのような疑問やその他数多くの疑問がエドガー・ケイシー

に投げかけられました。そして彼は驚くべき答えを出しました。何十年間も、ケイシーは、時間をかけてさまざまな生まれ変わりを経た人間関係についての洞察を何千もの人々に提供しました。

本書『ソウルメイトと魂の仲間たち』は、魂の引き寄せ、ソウルメイトの関係、他の人たちとのカルマのつながりがどのように働くのか、そして孤独の本質は何かを論じることに加えて、ケイシーのアーカイブスからのとても驚くような過去世の事例を調査し、ケイシーが説明したのと全く同じ原理が働いている現代の例について説明しています。あなたの関心が家族関係、パートナーを引き寄せること、人間関係の問題を癒やすこと、あるいは長い時を過ごして関係を理解することであっても、この興味をそそる探検は絶えず人を結びつける普遍の法則が作動していることを実証しています。

ケビン・J・トデッシーはエドガー・ケイシー財団（A.R.E.）で理事及びCEOとして、引退するまで約40年間にわたりさまざまな役職を歴任してきました。彼は人気のある講演者として6大陸で何千人もの人たちに講演をしてきました。彼には、『*The Best Dream Book Ever*』『*Edgar Cayce on the Akashic Records*』『*Edgar Cayce on Reincarnation and Family Karma*』『*Dream Images and Symbols*』そして『*Edgar Cayce on Mastering Your Spiritual Growth*』などを含む25冊以上の著作があります。

目次

Part 1
他に類を見ないエドガー・ケイシーのソウルメイト・リーディング

Part 2

ソウルメイトの事例

Part 3

魂を成長させ、磨き合う！　ダイナミックな家族関係におけるソウルメイト・リーディング

Part 4

時空を超えて魂を動かす力! 愛に結ばれた友人関係におけるソウルメイト・リーディング

Part 5

ソウルメイト・グループと生まれ変わりとその目的をリーディングする

Part 6

被害者意識をなくせば「犠牲者」はいない!? ソウルメイトとヘルプメイトにおける課題

Part 9

受胎と魂の引き寄せ

Part 10

魂の関係を創造する——それは癒やされるまで繰り返される運命になっている

Part 11

創造主と「魂（宇宙意識のソウルメイト）」との交流について

カバーデザイン　森　瑞（4Tune Box）
校正　麦秋アートセンター
表紙画像　ⓒScience Source/amanaimages
本文仮名書体　文麗仮名（キャップス）

前書き――ケイシーはソウルメイトに関する唯一無二のユニークな見解を提供する

ソウルメイト。その言葉を聞いただけで、蠟燭のあかりの灯った部屋、談笑、ロマンス、月明かりの夜道の散歩、情熱的な抱擁、無条件の愛というイメージが湧いてきます。ソウルメイトは、しばしば人間関係の究極の姿として認識されています。それは誰しもが人生のある時点で誰かとの間で感じる理想的な結びつきです。物語、伝説、本や映画でも描かれてきた人とのつながりです。そして、「ソウルメイト」とされる人との結びつきによって、夢が叶い、自我が開花して成長が促されるのです。そのような相手は自分の「分身」であるとさえ認識されています。そのような関係を望まない人はいるでしょうか？

ある人にとっては、ソウルメイトとは、困難も、確執も、対立もなく、ただ対等の関係を保ちながら、喜び悲しみを分かち合い、人生の困難に立ち向かって支え合い、お互いのいいところを発掘し合う関係を意味します。また、人によっては、今ある現実の関係ではなく、むしろ目標とすべき関係として捉えていると思います。恐らくこのように考える人の方が多いのではないでしょうか。それが後天的なものと考えるか、生まれた時から運命づけられたものと考えるかにかかわらず、ほとんどの人たちはソウルメイトの関係を「普通の人間関係」より好ましいものとして認識しています。それは、勿論、私たちが我慢している人間関係より素晴らしいものであることは間違いないし、私たちが普段置かれている人間関係よりはるかに好ましいことが多いのです。

一人のソウルメイトがいるという考え方が広まっているが、その起源は神話にまで遡る！

より多くの人が実際に自分のソウルメイトを見つけていたとしたら、結果的には、別離や離婚は遥かに少なくなっていたのではないでしょうか？

私はソウルメイトの概念について耳にすることはよくありましたが、そのテーマに関して最初に話し合ったのは、何十年も前の私が20代の頃でした。当時、私は仲の良い友人から、「真のソウルメイト」を見つけたので夫と離婚するつもりだと聞き、驚きました。彼女は美しい女性で、二児の母親でしたが、夫には満たされていないと私に打ち明けました。彼女は自分の一部が欠落しているように感じていたようです。彼女はついに、何年もの間、自分の分身ともいうべき人を見つけたと確信したのです。私は彼女を支援したいと思いつつも、彼女が今離婚しようとしている夫についても、かつては全く同じように「真のソウルメイト」と感じていたのだろうと思わずにはいられませんでした。恐らく、彼女には私たちが思っている以上に多くの過去からつながりのあるソウルメイトがいたのだと思います。

私は彼女に、一人に対して複数のソウルメイトが存在することはあり得ないのかと尋ねたことを覚えています。もし一人以上のソウルメイトがいるなら、彼女の夫も、同じようにその一人ではないのか？　もし私たちがそれぞれたった一人の魂の相手を持つだけなら、そもそも本当にお互いを見つける確率はほとんどゼロに等しいのではないか？

私の意見を気に留めず、結局彼女は夫と別れたいという願望に従いました。彼女はこの新しい男性に強烈な魅力を感じたのです。彼女は離婚して、新しい関係をスタートし、最終的には別の州へ引っ越しました。しかし、不幸なことに、彼女の言う「真のソウルメイト」との関係は長くは続きませんでした。お互い魅力を感じる部分があったことは否定できないのですが、すぐに問題が生じ、6か月も経たないうちに彼女たちは別居して、関係は終わりました。

その当時から、すべての人は世界に少なくとも一人のソウルメイトがいるという考えが主流になってきました。この20~30年でジェス・スターン、ブライアン・L・ワイス、シャーリー・マクレーン、リチャード・バック、そしてトマス・ムーアを始めとする数多くの人たちが書いたベストセラーが広く注目を集めました。おそらく、ソウルメイトという考えは、同時期に広く受け入れられた「生まれ変わり」の概念と密接なつながりがあります。しかしながら、ソウルメイトの考えは決して新しいものではなく、何千年も前から存在していたものなのです。

ソウルメイトとは一体何なのでしょうか？　この考えはどこで生まれて、なぜ私たちはこの話題にとても魅了されるのでしょうか？　神話や伝説によると、古代の歴史のある時点で、個人の分裂や分離が起きた――人間の魂はとにかく二つに分けられて離された――ということがソウルメイトという概念の起源らしいのです。その時から、すべての個人は完全性を求め、自分の分身を探しているのです。

ギリシャの哲学者のプラトン（BC427－347）によれば、人間はかつて神ゼウスによって半分に引き裂かれたので、自分の分身を絶えず探し続けているのです。プラトンは彼の最も有名な対話篇の一つの『饗宴』の中で、原初の人間は現在とは少し違っていたと述べています。始めは、3種類の人間がいました。男性、女性、そして両性具有。これらの人間はそれぞれ四本脚、四本の腕、二つの顔、四つの耳、そして二つの生殖器を持っていました。

人類創造後しばらくして、人間は傲慢になって、人間自身が神に取って代われるのではないかと考え始めるようになったようです。オリンポスの山に登って神々を追い出し、占拠しようとする人間まで出てきました。その考えは天国にいる神々を大混乱に陥れました。そして神々は何をするべきかをゼウスと議論しました。神が人間を破滅させるのは比較的簡単なことですが、片や、神は人間から捧げものや崇拝を受けることに快感を覚えていました。

最終的に、ゼウスはある考えを思いつきました。彼はすべての人間を半分にすることを提案したのです。そうすれば人間の力を半分にすることができるだけではなく、人間の数を倍にすることになり、神たちはもっと多くの人たちに崇拝されることになるだろうと。その計画は神々から大歓迎を受けました。それで人間は半分にされたのです。二人の人間がかつて結合していた場所は「縫合され」て、新しい人間――二本の足、二本の腕、一つの顔、二つの耳、そして一つの生殖器を持った人間――が形作られました。その計画は奏功しました。不幸なことに、その分離がそれぞれの個人に自分の分身への深い憧れを残したのでした。

これらの可哀そうな人間たちを慰めるために、ゼウスはそれぞれの片割れが別の片割れと出会って一つになれるようにしました。元は男性だけだった人間は一緒になる別の男性を永遠に探し続けます。元は女性だけだった人間は別の女性の腕の中で安らぎを見つけます。そしてかつて男性と女性だった人間は自らの生殖のため、別の性を求めるようになりました。

プラトンの人間の分裂の神話的な記述は現実離れしているように思えるかもしれませんが、珍しい考え方ではありません。よく似た考えがユダヤ教――キリスト教の聖典である旧訳聖書に存在しています。創世記の最初の章の、天地創造の6日目に神は地上の生き物を創り出します。人間については、「……御自分にかたどって……男と女に創造された」（創世記1：27）その起源において、神の創造物は、もともとは、一人に二つの性を持ち、魂を中核として構成された両性具有だったようです。人間はもともと神（スピリット）のイメージで創造されたので、天地創造の7日後（神が休んでいる時）、神は突然「土を耕す人もいなかった」（創世記2：5）ことに気がつきます。つまり、肉体を持つ人間は魂の後に誕生したのでした。神がそのスピリットの創造物を「肉体を持つ魂」にすることを決めたのはその時でした。そしてアダムの鼻に命の息を吹き入れて、アダムに肉体を与えました。プラトンの記述と同様に、神はこの人間が一人でいることを望まなかったので、アダムの相手が彼のあばら骨から創られました：

主なる神はそこでアダムを深い眠りに落とされた。そして彼が眠り込むと、あばら骨の一部を抜き取り、その跡を肉でふさがれた。そして人から抜き取ったあばら骨で女を造り上げた……。

創世記2：21

プラトンの物語のように、人間はかつて完全でしたが、分割されて、分身が生まれたのです。多分これらの記述は、人間は不完全であって他の人々との関係――物理的なものか心理的なものかを問わず――以外には、ある種の完全性のようなものを見つけることができないことを示唆しています。

人間の分割についてのいくつかの説明がラビの文献にも存在しています。ミドラーシュ（ユダヤ教聖典の注釈書）は、神は最初にアダムを「二つの顔を持つ」ものとして創造して、その後彼を半分に切り裂いて、男性と女性の生物にすることを決めたと述べています。他の文献では、アダムは、もとは両性具有で一人の中に二つの性を持っていたことが示唆されています。ヒンドゥー教の中にも、魂（あるいは大霊）が自身に気づき、仲間を望んで、自身から男性と女性の片割れを生み出したとする似た考え方があります：

最初は人の形をした自我だけでした。彼は周りを見回して彼自身しか見えませんでした。しかし彼は喜びを感じませんでした。彼はもう一人いることを願いました。彼はとても大きくて男一人と女一人を一緒にしたぐらいの大きさでした。それで彼は自分自身を二つに裂きました。それから夫と妻が生まれたのです。

ロバート・O・バルー『*The Portable World Bible*』

おそらくソウルメイトについて最古の記述は、約5000年前のエジプトの神のオシリスとイシスの伝説まで遡ります。それは男神と女神が兄と妹や夫と妻として描かれている永遠の愛の物語です。一緒になることを運命づけられて、オシリスとイシスの結びつきは子宮の中で始まりました。そこで彼らは一緒に受胎して双子として生まれました。誕生した時から、二人はお互いに愛し合っていました。彼らの愛はとても深かったので、最終的には死さえも彼らの愛情を消すことも彼らを引き裂くこともできませんでした。

神話、おとぎ話、伝説は、別の分身の中にしか完全性を見つけられないという考えを広め続けてきました。それは「シンデレラ」でガラスの靴を履いた女性を王子が探す場面や、「眠れる森の美女」の中で人を生き返らせるあの完璧なキス、また、野獣を変身させる美女の愛などに示されています。その完全性は、私たちがよく知っている、キスで人間に戻るカエルの王子の話や、ロミオとジュリエットのように、恋人同士が一緒にいる必要性を題材にした物語にも描かれています。これらのすべてが私たちに人間にはどこか不完全なところがあるということを思い起こさせるのです。歴史上の物語も、ビクトリア女王とアルバート公の関係、アンティノウスへのハドリアヌス帝の永遠の愛、そしてアリス・B・トクラスとガートルード・スタインの生涯にわたる結びつきなど、多くの事例が人間関係の理想形を示しています。これらの話のすべてが、個人的な完全性は何らかの形で他の人との関係の中で見出されることを示しています。このように、人がお互いに引き寄せられることに疑問の余地はありませんが、なぜ引き寄せられるのでしょうか？　人が引き寄せられるのは単なる偶然なのでしょうか？　それとも運命なのでしょうか？　それは生物学的なもの、感情的なもの、それとも知性的なものでしょうか？　あるいは私たちの想像以上のものなのでしょうか？　運命は私たちの人生で何らかの作用をもたらすのでしょうか？　なぜ私たちはある関係に引き寄せられるのでしょうか？　そしてひとたび付き合うようになると、なぜ私たちが自分に引き寄せた人々との関係で――家庭で、仕事で、人生を通して――困難に直面するのでしょうか？　引き寄せ合う原動力は一体何なのでしょうか？

これらのような疑問への素晴らしい答えがエドガー・ケイシー（１８７７−１９４５）——紛れもなく20世紀の注目に値する人物の一人——の偉業の中に見出されます。１９３８年、58歳の女性が人生の方向性について尋ねるためにエドガー・ケイシーのもとを訪れました。ケイシーは、これまでで最も多くの記録が残っている透視能力者で、その記録によると、ケイシーは既にその女性の健康状態について相談に乗っていました。元教員でカウンセラーのその女性は結婚と離婚の経験がありました。別の人と付き合う可能性を知りたくて、彼女はケイシーに、ソウルメイトの概念と彼女自身の完全性への探求とを結びつけて、洞察に富んだ質問をしました。彼女は「私自身の魂の成長との関連で『ソウルメイト』が意味することを説明してくださいませんか？」ケイシーは次のように答えました‥

凸部に対する凹部、ほぞに対するほぞ穴のような、あるいはそのようなあらゆる状況で互いに補い合うように応じ合う派閥や集団の人々です。それが「ソウルメイト」の意味することです。肉体的な魅力からではなく、精神的、心理的な助けから呼応し合う関係です。

１５５６−２（※１）

（※1）エドガー・ケイシーのリーディングは秘密保持のために番号が振られています。最初の番号（例「1556」）はリーディングを受けた個人やグループを指しています。その次の番号は（例「2」）は一連のリーディングの番号を示しています。例えば、（1556－2）は1556番の個人への2回目のリーディングを示しています。

ケイシーの視点からは、ソウルメイトのテーマは単なる肉体的、性的な引き寄せではなく、個人の成長と魂の発達の過程に密接に結びついた関係です。その根拠はケイシーに関する膨大な記録の研究によって確認されています。実際、ケイシーはさらに進んで私たちのすべての人間関係は――しばしば困難で耐え難いものでさえ――私たち自身の中にある完全性を促進させる可能性を持っていると示唆しています。つまり、最終的に私たちはすべての人間関係から学んで成長するのです。

ケイシーの直感者としての素晴らしい才能があまたの記録に残されているにしても、ケイシーの情報は、現代の人間関係のテーマに有効な洞察を与えてくれるのか、と疑問に思う人もいるかもしれません。１９４４年、エドガー・ケイシーは彼の最後のリーディングを終えました。しかし、彼の仕事の特質、また、数えきれないほど多くの人たちと行ったた問答の蓄積から判断して、ソウルメイトのテーマに関する専門家として、ケイシー以上の適任者はいないと思われます。

43年以上にわたり、エドガー・ケイシーはあらゆる宗教的バックグラウンドの人やすべての社会的階層の人たちへ「リーディング」と呼ばれる直感によるコンサルティングを実施しました。何千ではないにしても、何百もの例で、ケイシーは個人的関係が魂の成長にどのように深く関わっているのかをさらに探求しました。実際、ケイシーの情報にある基本的な前提条件の一つは、私たちは他人との関係を通して自分自身を知るようになることが多いということです。それは私たちが大切に思う人の前で愛を学ぶ場合であろうと、他者との関係で生じる困難に耐えて成長する場合であろうと、私たちが自分の欠点や才能に気づくようになるのは他者との交流を通してなのです。私たちが現在持っている長所に気づくのもそうですが、今後取り組む必要がある短所に気がつくようになるのも個人的な出会いを通してなのです。

ソウルメイトは性的な要素だけに限定されるものではない!

ケイシーによると、私たちは自分の魂の覚醒によって成長し、神との究極のつながりを理解するようになるのですが、ケイシーはそのような成長は人間関係の原動力を通して促されると信じていました。実際、ケイシーのリーディングは、魂が最終的に自身の中で完全になるのは、ある人と補完し合う関係を持つこと自体に完全性を見つけるからではなく、日々起こる人間関係（文字通り生涯にわたる経験）を通して完全性を見つけるからであると示しています。

ケイシーの情報は、ソウルメイトに関するユニークな見解を示しており、私たちそれぞれには多くのソウルメイトがいると強調しています。ケイシーはこれらのソウルメイトの関係は親密な関係にだけ現れるのではなく、想像できるあらゆる関係に現れると考えていました。私たちは家族のメンバー、友人、同僚、だけではなく、極めて苦手であるように思える人たちともソウルメイトの関係にあるのです。実際、私たちが強い感情（ポジティブでもネガティブでも）を抱いている人たちは、ほとんど確実にソウルメイトです。これらの関係は魂の仲間——私たちが以前ある関係を持ち、そして未来で再びその関係を再開し続ける人たち——とも呼ばれるかもしれません。私たちが自分自身についてもっと学べるようにしてくれる（その過程で自分が成長する）人たちはすべてソウルメイトです。

人間関係に関するケイシーの情報の中で最も貴重と思われるのは、生まれ変わりの枠組みの中で展開される何百もの人間関係についての徹底的な分析です。20年以上にわたる約2000回の「ライフ・リーディング」の中で、ケイシーはさまざまな時代の過去世および過去世と現在の人間関係とのつながりを分析することで、個人の魂の成長を研究しました。

例えば、35歳の男性が彼の現在の妻との過去世でのつながりについて尋ねた時、「あなたは以前――苦しんでいる時も最高の気分の時も――しばしば一緒に過ごしていました」と言われました。(2421-2)

エドガー・ケイシーは、彼が「アカシックレコード」あるいは「生命の書」と呼んだ情報源から、時間の経過に伴う人間関係の進展を読み取ることができ、どのように過去世で受けた影響や過去世で取った選択が現在に影響を及ぼすのかについて説明しました。彼のリーディングは単に人々に哲学的な論述を提供するといったものではなく、彼のクライアントが取り組んで適用できる実用的なアドバイスと忠告を詳しく述べたものです。総合すると、人間関係に関するケイシーの資料は、魂の引き寄せの原動力と今起きている人間関係の背後にある意志に関する最も重要な情報源の一つを提供してくれます。

エドガー・ケイシーのリーディングが示す、もう一つの主なテーマは魂の理想の重要性です。ソウルメイトとは少し違ったものかもしれません。他の人々と私たちの関係において主要な役割を果たす意図は何でしょうか？　なぜ私たちはそんなことをするのでしょうか？　私たちは他者との交流で与えようと努めたり、愛そうと努めたりしていますか？

それとも私たちの意識の焦点は利己的なものが多いですか？　魂の理想を維持することはしばしば私たちの性的関係で重要な役割を果たします。

ある事例（事例#１５２３）で、女性が現在「遊び好きな女性」として評判になっているのは、彼女が最近の過去世で売春婦だったことが理由の一つだと言われました。その人生で、彼女は本質的に自分の欲しいものを得るために自分の体を売ったとケイシーは彼女に言いました。彼女の意図は利己的でした。そしてその身勝手さは今もなお彼女の現在の体験で対処する必要がありました。皮肉なことに、彼女とは別に（事例#１５４１）、「愛情深い天使」と言われ、そばにいると楽しいと評判の女性がおり、リーディングを受けました。ケイシーは、彼女も最近の過去世で売春婦だったと言いました。しかしながら、彼女の主な意図は利己的なものではなく、愛でした。彼女は孤独な男性の相手になって慰めを与える手段として、彼女が持つ唯一のものを提供したのでした。最初の女性の理想は利己的でしたが、二番目の女性の理想は愛でした。それらの理想の名残が魂に残っていたのでした。

性に関して、エドガー・ケイシーはほとんどの場合、「その人の理想は何だったのか？」という意図へと視点を変えました。つまり、性だけに基づいた関係は個人の魂の成長と発展にとって逆効果だと考えたのでした。しかしながら、性的な要素を含んでいても、二人の間に愛情が溢れ、思いやりのある、支え合う関係はケイシーのリーディングでは問題があるとは考えられなかったのです。究極的には魂は男性でも女性でもないことを認識しておくことが重要です。人は魂の成長のために数えきれないほど多くの教訓を学ぶ手段として、しばしばある人生と次の人生とで性別を変えます。生まれ変わりに伴って、すべての魂は数えきれないほど多くの恋愛関係や性的な関係を持ってきました。魂が責任を負うのは性的行為ではなく、むしろそれらの関係の背後にある意図なのです。

結局のところ、ソウルメイトと魂の仲間は、各人の魂の成長と魂レベルで不可欠な完全性の達成の手伝いをします。私たちは魂レベルで別の人に引き寄せられます。それはその人が私たちを補ってくれる唯一無二のものだからではなく、その人と一緒にいることで私たちは何らかの学びの経験を提供されるからなのです。人間関係や人生の体験を通して、魂は、個人の成長と発達の教育課程に関与しているのです。

魂の運命は、一つの完全なものになることなのですが、エドガー・ケイシーはすべての魂は最終的には、他の人の魂に補完されることによってではなく、自己完結的に完全なものになると信じていました。

Part 1

他に類を見ない
エドガー・ケイシーの
ソウルメイト・リーディング

愛は忍耐強い。愛は情け深い。愛はねたまない。愛は自慢せず、高ぶらない。礼を失せず、自分の利益を求めず、苛立たず、恨みを抱かない。不義を喜ばず、真実を喜ぶ。すべてを忍び、すべてを信じ、すべてを望み、すべてに耐える……それゆえ、信仰と、希望と、愛、この三つはいつまでも残る。その中で最も大いなるものは、愛である。

コリントの信徒への手紙1　13：4－7、13

それは1926年のことでした。当時彼女はブロードウェイのスターで、わずか24歳で大作の主演女優に抜擢されました。「サンチョ・パンサ」でのオーティス・スキナーの相手役の公爵夫人の役は、評論家とファンから「とても魅力的」との評価を受けていました。女優としての彼女の人生は出世街道を歩んでいるようでした。彼女の名前はローズ（※2）で、その上演が終わりに近づくと、彼女は次に何の役が回って来るのか楽しみで仕方がありませんでした。

（※2）本書に登場する人名は匿名を保つため変更してあります。

彼女は最初から女優になろうと思っていたわけではありませんでしたが、演じることはお手の物でした。彼女は音楽が好きだったので、初めはバイオリニストになろうと思ってシカゴ音楽大学で勉強しましたが、楽器を演奏するという意欲はすぐに薄れてしまい、その代わりに演劇の授業を受けることにしました。女優になるのは思っていたより簡単でした。ローズは舞台に立つために生まれてきたかのようでした。あるプロデューサーが彼女の大学での初舞台を見て、自分の劇団での巡業で少女役をオファーしました。巡業の次はニューヨーク公演でした。彼女はすぐに大作にキャスティングされました。ドアが彼女に開かれたのでした。多くの人たちに、彼女はスーパースターになるのは間違いないと思われていました。彼女は満足するべきだったのですが、満足しませんでした。ニューヨークでの「サンチョ・パンサ」での役の後、新しい役はどれも自分にはふさわしくないように思えたのです。彼女は自分のエネルギーを今後も演劇に捧げ続けるべきか、それとも、結婚して家庭を持つべきか悩みました。当時彼女は恋をしていて、舞台に立つ願望より、結婚して家庭を持つ魅力を強く感じる時がありました。

一部の人には想像もできなかったかもしれませんが、1年も経たないうちにローズは女優のキャリアを捨てました。そして結局結婚して夫と二人の子どもと暮らしました。彼と一緒にいたいという欲望が大きくなると同時に、女優でいる意欲が低下したのです。ローズは自分のソウルメイトを見つけました。そして二人が一緒になることで、彼女の人生の方向性が180度変わったのです。

お互いがヘルプメイトだった
ローズとブライアントのソウルメイト的足跡の事例

もう少し詳しく経緯を辿りましょう。彼女は若い頃から、すでに偶然はないと信じるようになっていました。人生は重大な事態と体験を一緒にもたらしたのです。彼女に入口と出口を与えた神の采配とも言えるでしょう。それまで、ほとんどの場合、彼女の役割は待機して自分の出番の合図を待つだけでした。「サンチョ・パンサ」での役の2年前の「笑え、道化師、笑え」のブロードウェイ上演での役が彼女の人生の分岐点になったのでした。

というのは、リハーサルの休憩時間に、彼女は親戚の乗った客船が入港するのを桟橋で待っていました。魅力的で社交的でフレンドリーなローズは自分の隣で待っている背の高い、気品のある紳士とすぐに話し始めました。楽しい会話で、すぐにローズはその男性は演劇に興味があると分かりました。彼女はライオネル・バリモアが出演している、「笑え、道化師、笑え」の中で脇役を演じていることを話しました。その紳士は彼女の公演を見に行くと約束しました。実は、彼はニューヨーク・タイムズの首席演劇評論家のジョン・コービンだったのでした。

その劇の上演の後、ローズはブライアント・グッドマンという別の男性から舞台裏でメモを受け取りました。ブライアントは、ローズのことを知る友人からローズに会ってみたらどうかと勧められたのでした。ローズがブライアントに会ってみると魅力的な男性だったので、彼女の妹とのディナーに彼を誘いました。ブライアントは劇場では普通に見えたのですが、ディナーでの会話の間、神秘主義、過去世、エドガー・ケイシーという彼の故郷のオハイオ州デイトンにいる超能力のある友人について話し始めました。ローズは宗教や哲学について話すことは好きでしたが、その晩までは生まれ変わりについて聞いたことすらなく、「一体全体何のことかしら?」と自分でも不思議に思いました。ブライアントが話した内容はほとんど信用できなかったのですが、それでも、彼女と妹は彼を魅力的だと思いました。

時が過ぎて、「笑え、道化師、笑え」の上演が終わった後、彼女の演技についてのジョン・コービンの賞賛の手紙が次のドアを開けたのです。そして彼女は「サンチョ・パンサ」の相手役の女優として選ばれました。その頃彼女はブライアントと継続的に会っていました。彼女は彼に惹かれているのが分かりました。彼は面白くて、才能のあるビジネスマンでもあり、一緒にいるのが楽しかったのです。しかしながら、彼女はいまだに彼が話していることのすべてを信じることはできませんでした。彼の話の大部分は、エドガー・

ケイシーの突飛もない話でした。エドガー・ケイシーは寝ている間に病気の診断ができるとか、洞察に満ちたビジネスのアドバイス（ブライアントがとても頼りにしている）もしてくれるとかいう話でした。また、ブライアントはケイシーが、どういうわけか、過去の人生の出来事や人間関係が現在に及ぼす影響について判断できると信じていました。しかし、ローズにとっては、これらの話はいずれも付き合っている男性について家族に楽しく話せる話題ではありませんでした。

ある時、「サンチョ・パンサ」のグループが巡業に出ました。そして巡業先の一つがたまたまデイトンだったのでした。

ブライアントに強く勧められて、ローズは、エドガー・ケイシーと彼の妻のガートルードを劇に招待して、彼らに会おうとしました。その結果ケイシーが劇を気に入ったのが分かったので、ローズはケイシーに一度サイキック・リーディングの仕事を見せて欲しいと頼みました。翌日ローズは初めてリーディングを目撃しました。それは食べ物を吐くという障がいを持っている5歳の少女に施されました。どういうわけか、その子は毎食後吐き、餓死寸前でした。医者たちはできる限りのことを試みましたが、効果がなかったので、両親はついにエドガー・ケイシーに助けを頼んだのでした。

ローズが聞いていた通り、ケイシーはカウチで眠るために横になりました。彼の妻はケイシーがトランス状態に入った時、ケイシーにその子を調べる準備ができた旨を伝えました。ケイシーは、その家にいる少女（その子は別の部屋にいたのです）を「探す」ように言われて、「はい、見つけた」と話し始めました。彼が話し始めるとすぐにエドガー・ケイシーの秘書が彼の話す言葉を一言一句筆記し始めました。

ローズは大いに疑念を抱きながらその過程を凝視しました。彼女は、過去世のような荒唐無稽なことを人が透視できることはもちろん、一般人が何らかの形で他人の健康問題に立ち入ることができるということを信じられませんでした。しかも、ケイシーたちは自分たちの仕事を至って真剣に行い、少女の両親はケイシーの言葉のすべてをまるでゴスペルのように聞き入っていました。エドガー・ケイシーはその子の何が問題なのかを説明して、食事を完熟バナナ中心のものに完全に変更することや理学療法的な処方を勧めました。ローズは彼の処方についていてたびたび聞いていましたが、すぐ近くでそれを見て少しばかばかしく思いました。

聞けば聞くほど、ローズはイライラしました。この男は医者ではないし、誰に聞いても彼は高校すら卒業していませんでした。彼はその子の診察もしていなかったし、そうする素振りもありませんでした。ガートルードは、夫は医学を学んだことも研修をしたこともないと言いました。少なくとも、この男は免許なしで医療行為をしているとローズは思いました。もし彼がその子が死に至るような処方を勧めたらどうするのだろうか？　そう考えると彼女は恐怖と怒りを覚えました。しかし、そこにいる人たちは何の疑問も持たず、眠っているケイシーを見守ってその言葉を聞いていたのです。

リーディングが終わった時、ローズはできる限り丁重にその家を出ました。何といっても彼女は女優でしたから。しかし、彼女はケイシーに腹を立てていました。そしてそのすべてを信じているブライアントにもうんざりしました。けれども、2、3週間後に彼女はその子の両親から娘が完全に回復したと聞いて驚きました。少女は最終的に普通の食事を口にすることができるようになったのです。ケイシーのリーディングは成功したようでした。それを知ってローズは、結局ブライアントがケイシーについて言っていたことは本当だったのかしらと思い始めたのです。

春までに「サンチョ・パンサ」のキャストたちはニューヨークに戻りました。巡業は終わって上演も成功裏に終わりました。ローズは次の役回りを見つけようと苦労していました。何もかも上手く行っていないように思えました。本当に自分が演劇を続けることを望んでいるのかどうか彼女は疑問を持ち始めました。同時に、ブライアントは彼女に求婚し始めました。彼女は彼を愛していて間違いなく彼に惹かれていましたが、家庭、料理、そして赤ちゃんたちのために演劇を捨てることを本当に望んでいるのか疑問でした。両方の可能性を追求すると、二つを上手く両立させることができるとは彼女には思えませんでした。結婚するという考えが魅力的なこともあれば、他のことに魅力を感じることもありました。またある時は、劇場のスポットライトに素晴らしさを感じましたが、満足感はあまり得られず、長続きもしませんでした。生まれて初めてローズは自分の人生で何をしたいのか分からなくなったのです。

彼女の人生の方向性を決めるのに少しばかりでも役立てるために、ブライアントはエドガー・ケイシーからライフ・リーディングを受けることを勧めました。この時までに、ケイシーは、ニューヨークのビジネス界での有力者の後ろ盾を得て、バージニア・ビーチへ引っ越し、事業のために病院を設立していました。ローズは、ケイシーがどういうわけか更なる成功を収めていることを耳にして、リーディングを受けることに同意しました。

ローズは、リーディングがビジネスとして成り立つこと自体とても信じられませんでしたが、リーディングは、ケイシーがバージニア・ビーチにいて彼女とブライアントはニューヨークにいたままでも可能だと聞き驚きました。どうやら、エドガー・ケイシーは彼のサイキック能力を働かせるためにローズと同じ町にいる必要すらないようでした。リーディングが終わった後に結果が郵送されることになっていました。

彼女は最終的にリーディングの結果を受け取って、その正確さに驚きました。彼女がケイシーや彼の能力について依然として抱いていた疑いはすぐに消え去りました。彼女はその情報が、役に立ち興味深いということ以上に素晴らしいものだったので、彼女はケイシーに手紙を書きました。彼女の人生や現在のジレンマについて何も知らないにもかかわらず、眠っているケイシーは完全に彼女の性格、感情、そして才能を分析していたのでした。ローズはとても感銘を受けました。すぐに彼女は自分の家族のためにもリーディングを頼みました。

ローズについてのリーディングは、音楽、文学、芸術、演劇、あるいは家庭で成功することができるという内容でした。エドガー・ケイシーは彼女の独立前のアメリカ、英国、ドイツ、聖地パレスチナ、そしてギリシャでの過去世について簡単に述べました。彼女はドイツで音楽への理解を深めました。そこでは歌手として有名な作曲家と親しくしていました。そこで、多くの人たちと音楽に対する愛情を共有しました。演ずることに対する彼女の才能はギリシャでの人生で開花しました。そこでは彼女は男性のようでした。素晴らしい名声を持ち多くの人たちの活力の源となっていました。彼女の哲学に対する愛着はかつて寺院に勤めていたカルディアへと遡れます。その同じ時期から、彼女は家庭と家族に対する持って生まれた愛情も深めました。ケイシーは繰り返し現在の才能や感情はいかに過去世へ遡れるのかを説明しました。

ケイシーはもし彼女が女優のままでいるなら、年内に彼女を満足させる新しい大きな役を再び得るだろうと言いました。そのうえ、彼女のキャリアは28歳から30歳の間でさらなる高みに到達すると断言しました。彼はまた彼女は家庭でも成功することができると言いました。しかしながら、この時点での彼女の人生は、両方の方向で秀でることはできないということでした。彼女は選択しなければなりませんでした。ケイシーはどちらの方向を取るべきか彼女にアドバイスしませんでした。彼は彼女がブライアントに惹かれるのは、過去に二人が体験したさまざまなつながりのためだと伝えました。二人は独立前のアメリカ、英国、そして聖地パレスチナにおいて、違う役割でお互いを知っていました。

その後、ブライアントはエドガー・ケイシーから彼自身のリーディングを受けました。彼はローズと結婚すれば結果はどうなるのかを尋ねました。ケイシーは「あなた方次第だ！」と答えました。ブライアントはより具体的な答えを求めて尋ねました「この娘は自分の幸せな人生のために最も適した女性のタイプ、人柄ですか？」その答えは「そうなる可能性があるかもしれない。過去世で一緒だった年月を通してある程度の関係が構築されていない限り、最初からぴったりと合う人はいない」でした。再びブライアントは探している答えを得ようとしました。彼は「私たちはずっと完璧に幸せになるでしょうか……？」と尋ねました。ケイシーは答えました：

いいや、いつも幸せというわけではないだろう、しかしいつも満足はするだろう。満足と幸せは違う要素だが、いずれも心の問題だ。これらが両立できたり、あるいは二人の心が満足する状態になったりするためには、二人の間の日々の交流やお互いの接し方といった触れ合い面での条件が整わなければならないのだ。

257－15

ついに、ブライアントは単刀直入に尋ねました「この娘は選ぶべき娘ですか？」彼は「そうだ」と答えました。お互いに愛し合っていることに加え、リーディングで支持されたことで、ローズとブライアントは結婚することにしました。

多くの場合、エドガー・ケイシーはある人が結婚相手にふさわしいかどうかは明確にしませんでした。多くのケースにあったように、25歳の女性が自分のボーイフレンドは結婚することになっている男性なのかどうかと尋ねた時、ケイシーは「彼は結婚すべき男性の一人だ！」と答えました。別の女性は「私は結婚すべき男性にもう会っていますか？」と尋ねて「あなたは結婚できる何人かの男性に会っている！」と言われました。（3180－2）どうやら、私たちはみな一人以上のソウルメイト（過去世で一緒にいて現在ポジティブな関係を作ることができる人）を持っているようです。後にローズとブライアントは過去世でも同様に、他のいろいろな人たちと結婚していたことを知りました。現在の彼らの関係は一つの可能性に過ぎないのです。しかしながら、その可能性はお互いがヘルプ・メイトになる機会と二人のより良い成長を与えてくれるのです。

ソウルメイトは一人ではない 25人～30人かもしれないとケイシーは述べた！

別の女性がケイシーにソウルメイトに会って結婚する可能性を尋ねた時、ケイシーは「特別な人がソウルメイトと呼ばれるのは必ずしも適切ではない。たくさんいるので……」と答えました。（２４８７－２）またある時、若い女性が自分の婚約者以外で「同じくらい幸せになる、あるいはもっと幸せになる」可能性のある人はいるのかを知りたいと思いました。ケイシーは「……もしあなたが選択するなら、そんな人を25人あるいは30人見つけるかもしれません！　それはあなたが選択することなのだ！」と答えました。（１９８１－２）ケイシーは続けて、彼女と彼女の婚約者との間には過去世からの「解決」されるべき何かが間違いなくあって、それらは結婚というしくみによって一番上手く解決されるかもしれないと言いました。遅かれ早かれ彼女はこれらの問題に向き合わなければならないのでした。ケイシーは彼女に、その問題を将来のある時期に先延ばしするより、今向き合う方が良いとアドバイスしました。

32歳の板金工と彼の妻は時々問題を抱えていました。結婚生活をしている時に、彼らは離婚と彼らの子どもに関する親権問題を話し合うことさえありました。彼らの関係を改善しようと努力して、夫はリーディングを受けました。リーディングは、二人は以前結婚していたことがあったが、それは失敗したということ、そして現在お互いが成功するのを助けるための機会を与えられたのだということを説明しました。その男性は「私たちの結婚をより幸せで円満にするには、私は何をすればいいですか？」と尋ねました。ケイシーは次のように言いました：

あなたの妻のために、行動しなさい。あるいはあなたが妻や他の人たちからしてもらいたいように行動しなさい。あなたが与えるより多くを要求してはならない。あなたが求められる以上のことを他の人に要求してはいけない。結婚のような関係は目的が一致しなければならないのだ。目的が一致していないと、そこには調和がない。これは一人では達成することができない。覚えておくのだ、あなたはこの人生の前の人生の体験で大変面倒なことを起こした。あなたはそれで苦しんだ！　今それを埋め合わせする方がいいのだ。さもなければ次は十倍ひどいことになるだろう。

5001－1

ケイシーの観点からは、ソウルメイト、結婚、あるいは他人との長期にわたる深い関係の目的は、第一に魂の成長によって、それぞれの個人が成長すること、進化すること、そして助け合うことです。

過去世での共同体験によって人は引き寄せられる

確かに人は過去世での共同体験のために引き寄せられますが、その過去の体験——ケイシーが「カルマの記憶」とする影響——について人が何をするのかは完全に現世の活動と選択次第です。リーディングは、各人は関係が上手く行くソウルメイトを複数人持っていると言います。無論、どの人を選ぶかによって、異なった可能性や人生体験へと導かれ、最終的により良い選択になるケースはあります。

彼女の前に現れた4人の男性求婚者は、みな過去世で人生を共にした人たちだった⁉

ケイシーのファイルの別の例（2205―3）では、ある女性が4人の男性と知り合いになりました。彼らは全員彼女に好意を抱いており、彼女と一緒になりたいと言っていました。数学の教師の彼女は、4人の内の誰が最高の結婚の候補者になるのか知りたいと思いました。彼女は理想のソウルメイトになるのは一人だけだと考えるのは間違っていると言われました。実際、ケイシーはこの人から離れなさいとか、この人と一緒になりなさいと彼女に言うことを断りました。その代わり、地上でのさまざまな期間に彼女は4人の求婚者の全員と一緒にいたことがあるとケイシーは説明しました。「ある人は助けてくれる人として、またある人は邪魔する人として」。ケイシーは、彼女に自分の夢に注意する必要があると言いました。というのは、夢は彼女にその男性の内の何人かについて「警告」を与えるからでした。現世でどのような選択をするかを決めるに際しては、彼女がより良い人間になり、魂の理想を表現し、奉仕の人生を生きるために、どの人がよりふさわしいのかを決める必要があるのです。

リーディングは、人はある目的を持った体験のためにお互いに引き寄せられると述べています。本質的に、その目的は、過去に作った問題や課題を解決することと、お互いに一緒にいることによって作り出されてきたポジティブな要素を作り続けることの両方です。良くも悪くも、私たちの関係は私たちがそれを中断した正にその地点から再び始まります。以前のパターン、目的、そして理想の継続です。私たちが人生で特定の人たちに感じる魅力は魂レベルで起きます。そしてケイシーによれば、その以前の過去世での体験が「幸福でも不幸でも」現在での引き寄せを妨げません。結局のところ、二人がその引き寄せを生涯の関係へと発展させることがベストなのかどうかは、肉体的魅力や欲望よりもっと根本的なものに基づくべきなのです。

結婚に反対するケイシーのアドバイスの裏側

多くのケースで、ケイシーはある人がある特定の人と結婚することに反対するアドバイスをしています。カップルがお互いに魅力を感じていても、もしその結婚をケイシーから思いとどまらせられるなら必然的にその理由は、その結びつきが一方、あるいは二人の魂の成長にはベストではないからでした。タイミングの問題で反対された事例もあります。

ある例では、14歳の少女の両親は彼らの娘が前世で結婚を経験しなかったので、今回の人生ではとても早くに結婚する兆候があると言われました。その少女は生まれつきの欲望に従わないように勧められました。なぜなら、そうすると極めて不幸になるからでした。（1406―1）またある例では、自分の人生の方向についてはっきりとした選択をするまで結婚しないように言われた人もいます。それぞれの人生の方向において、結婚相手の選択肢が複数存在するのですから、人生の方向性を決めるのが先決だということのようです。

20歳の女性が現在付き合っているボーイフレンドと結婚するべきかどうかを尋ねました。その答えは「決してしてはならない」（1754―1）でした。ケイシーは二人の関係は必ず別居と離婚になるだろうと言いました。ケイシーは、彼女が直近の前世であるアメリカの独立戦争の頃に彼を知っていたと言いました。その時、二人はバージニア州のウィリアムズバーグのあたりで失望と幸せの両方の体験を伴った交際を始めました。過去の解決されていない問題があるので、その女性は彼ともっと親しくなりたいと思っていましたが、リーディングはそれに反対しました。ケイシーは「彼と結婚しないことがベストだ。もし結婚するなら、あなたの理想は崩壊するだろう！」と警告しました。彼女は結婚することなく彼との友情を保って、お互いから学べることを学ぶように勧められました。

欲望、魅力、愛はすべて魂のレベルで始まる可能性があるので、人は、過去からの何かに取り組むためだけに引き寄せられたにすぎない関係と、長期にわたる可能性のある関係とをどのように区別できるのでしょうか？　ケイシーは、真の愛は究極的に「与える」という表現が最もふさわしく、その場合、人は返礼を受けることに興味を持たないと言っています。欲望とは、自分に誰かあるいは何かを引き寄せたいという感情や状態ですが、真の愛情は自身がお返しを受け取ることを考えないで、他の人に向かって出て行く感情、エネルギー、あるいは活動の表現です。結局のところ、すべての人間関係の目的は魂の成長です。ですから、カルマ的関係と、魂の成長という目的のある現在のつながりとを見分けたいと願う人たちは自分自身に尋ねるのがいいでしょう。「この関係は私をもっと良い人にしますか？　この関係は私に働きかけて私を向上させますか？　この関係は私がよりバランスの取れた、与える人になるように働きかけますか？　この関係は私の内にある最高のものを引き出しますか？　彼（彼女）が私を助けるように、私はこの人が成長するのを助けることができますか？」

同性の場合もある⁉
自分のためだけに存在する一人の完璧なソウルメイトという考えは過ち！

29歳の男性が結婚の最高の動機をエドガー・ケイシーに説明するように頼みました。（1173－11）リーディングは肉体の欲望と、心と魂の協調と交流の間に大きな違いがあると述べました。もし結婚が主として欲望と肉体の満足に基づいているなら、それは上手く行かないでしょう、と。そうではなくて、成功する関係は他人に対するのと同じように、そのカップルがお互いへの奉仕で結びつけられる共同の魂の願望を含んでいなければならないのです。ケイシーは健全な関係は肉体的な愛も一つの要素であるとしていますが、それ以上のことが必要なのです。魂の理想や精神的目標と願望も同じように重要なのです。

しばしば人は自分だけのために存在する一人の完璧なソウルメイトがいると信じていることがあります。そうではありません。また、ソウルメイトの条件も男性——女性の関係に限定されません。ソウルメイトの関係は同じように同性の関係でも起こり得る可能性があります。もっと重要なことは、私たちそれぞれは多くの異なったタイプのソウルメイトの関係を持っているということです。それらの関係は、家族のさまざまなメンバー、深い絆とつながりがある友人、更に、同じ大きな目標を成し遂げるために集められた仕事上の人間関係の中においてすら現れる可能性があります。これらの関係は困難ですが、やりがいもあります。ソウルメイトは過去で一緒だったために現在において引き寄せられる人です。それは各個人にとって他の人たちの個人的な成長に関して計り知れないほど役に立つ機会となる関係です。

不幸なことに、ソウルメイトの関係は決して困難や課題がないパーフェクトな関係だと間違った思い込みをしている人たちがいます。そのような人たちは自分自身の人生でそんな関係を見つけたり、作り出したりできずに失望するかもしれません。ケイシーのリーディングは、ソウルメイトは課題を与えたり困難を引き起こしたりすると示唆します。ということは、逆にあなたも同じように課題や困難をソウルメイトに与えていると言えます。ソウルメイトはあなたが人生の課題や困難を一緒にやり遂げることができる人です。その人が問題の原因であるように思える時ですらそうなのです。つまり、ソウルメイトはしばしば私たちに自身の強さや弱さを鏡に映したり、見せたりする人です。

添い遂げ90歳まで生きたローズとブライアントの人生航路

ローズとブライアントに話を戻すと、彼らは――ブライアントが亡くなった1968年まで――40年以上続いた、誰が見ても上手く行ったソウルメイトの関係を築きました。しかしながら、彼らは問題、口論、そして困難も共にしました。彼らはどんな結婚にもある浮き沈みを共に体験しました。二人は結婚した当初から、ブライアントの母親が、ブライアントが妻として選んだローズを好きではなかったということを知って辛い思いをしましたが、リーディングは最終的に憎悪の原因は、過去世での嫉妬と対抗意識にあることを突き止めました。

結婚して数年経って、ローズとブライアントは二人の息子をもうけて彼らのためにリーディングを受けました。長男は生まれつき医者の才能があり、次男は政治家の才能があると言われました。ブライアントがケイシーに息子たちの育て方や躾け方を尋ねた時、最も重要なことは、権力やルールではなく、ブライアントとローズが息子たちの手本として生きることだと言われました。家族全体が一つの目的のために集められたのでした。彼らは、一緒になることでそれぞれが生まれてきた目的を果たすためにお互いに助け合うことができたのです。過去世からの彼ら4人の間にあったつながりに加えて、彼らは一緒になる体験を持つことで、より良い人間になる機会を現世で持ったのでした。

リーディングが二人に結婚することを勧めたという事実にもかかわらず、二人は生涯を通して、問題を抱えていました。経済的には成功しましたが、ブライアントはケイシーからの仕事上のアドバイスに従わなかったことで50万ドル以上損をしたと友人に語ったことがあります。第二次世界大戦は物資の不足や困難の連続をもたらしました。偏見が一般的だった時代に、ローズとブライアント、そして彼らの子どもたちがユダヤ人だったという事実が困難に拍車をかけたのは言うまでもありません。子どもたちにも、歯の生え変わり、風邪、そして兄弟げんかのようなよくある出来事に加えて、多くの問題がありました。次男はしょう紅熱、はしか、貧血、そしてハサミで右目を刺して角膜が割けた事故。彼の視覚は一連のリーディングと医者によって護られました。長男は骨折、水ぼうそう、はしか、扁桃腺炎、肺炎、そして腫物。

ローズが劇場のスポットライトが恋しくなり始めた時、そのカップルの最大の試練の一つがやって来ました。それはちょうどブライアントが自分の仕事に集中していた時でした。理解できるのですが、ローズは人生に単なる妻と母親の役目以上のことを求めていたのでした。彼女の夫の経済的地位と仕事のため、彼女は気がつくと自分が社交的立場で活躍していて、そのことにいくらかの満足感を感じていました。ブライアントは仕事で出張が多かったのですが、ローズは、社交的行事を欠かさず、男性の友人にエスコートしてもらいました。彼女はそれを何も悪いことではないと思っていましたが、ブライアントはすぐに異議を唱えました。二人の間の口論は解決されませんでした。そこで彼らはリーディングを受けました。

とても興味深いことに、何年も前にケイシーはそのカップルに、彼らが協力して取り組んでいる限り、相手にある最高のものを引き出すことができ、そして「彼らは生きる価値のある人生で、平和、喜び、そして幸福をもたらす成長を自分たちに得ることができる……」(903-3)と助言したことがありました。二人はいつも相手に自分の愛を見せること、そして二人の交友を何よりも念頭に置くようにとアドバイスされました。ブライアントの仕事上の問題や心配事が彼の最優先事項ではありえないように、ローズのスポットライトへの愛着は二人の結婚の二の次でなければならないのでした。二人にとっては家庭が最優先事項になるべきでした。二人は彼らの愛情を生き生きとさせ、相手の中に喜びと平和を見つけ、神を敬い神に奉仕し、そしてお互いが同じ過ちを二度と起こさないように、と促されたのです。

ケイシーは、新しいリーディングで、彼らに一番重要な活動は彼らの子どもたちを育てることであり、特に息子たちの「発育期」が重要だとアドバイスしました。二人は家庭を一番大事に考えなければならないと気づかされました。そして二人が初めて一緒に暮らした当時の態度を自分たちに取り戻すように言われました。どうやら、ローズとブライアントの二人は彼らの結婚の優先順位を忘れていたようでした。特にするべきことを言われるというより、二人はもう一度結婚を第一に考えるようにアドバイスされました。お互いに取り組むことによって、問題は解決しました。二人は彼らの人生で家族を一番大事にし続けることに全力を捧げました。しかも二人は自分たちの関心事について追求することも続けました。

そのうち、ローズは超心理学に興味を持って、最終的に優れた科学者や超心理学者を集めた講演やプログラムを支援しました。実際、20年以上もの間、彼女はニューヨークで絶大な大成功を収めた一連のプログラムを企画し、形而上学、ヨガ、そしてケイシーの業績の伝道師として活動しました。これらの取り組みは彼女が失くしていた目的を彼女に与えて、その過程で多くの人たちの役に立ちました。ブライアントは家具の製造業でますます成功しました。何年間も、彼はケイシーの業績をサポートしたのと同じように、国内で最大のエマヌエル寺院をサポートしました。彼とローズは家庭以外で協力する機会がしばしばありました。そして多くの人たちは彼らの関係を理想としました。彼らの長男は優れた精神科医になって次男は弁護士として成功しました。
ローズは90歳代まで生きました。彼女は死の数年前に、自分の家族とケイシーの情報を振り返って、「あなた方は自分自身の人生の設計や目的に気づくだけではなく、いかに他の人たちの活動の支援をする立場に置かれているのかに気づくようになります」と言いました。ソウルメイトの関係は個人的な成長、個人的な目的の達成、そしてお互いへの奉仕の機会を生み出します。

他の例では、39歳の主婦で、母で、経理の仕事をしていた女性ですが、彼女と彼女の夫は「出会った」こと自体で大きな進歩を遂げていて、過去世で二人の間に作られた関係の影響を克服していると言われました。協力することによって、それぞれが魂の成長、人格的な成長を遂げ、そして二人のソウルメイトとしての関係はよりポジティブにさえなってきました。彼らは「お互いが助けになる、一方が他方のための支柱になるかもしれない」（１８５７−２）ため、そのままの関係を続けるように勧められました。ケイシーは別のカップルに彼らが理想の関係を作り出すためには少なくとも10年かかるだろう（事例４１５９、４５９）が、二人が協力すれば、必ず達成できると言いました。

結婚を考えているカップルへのアドバイスは「目的の一致」。その意味とは？

結婚を考えている若いカップルは、彼らは夫と妻として、互いに助け合う機会があると言われました。どうやら、二人は過去にさまざまな人間関係で何度も一緒だったようでした。ペルシャの人生では、二人の結婚は偽装であったため、対立がありました。古代エジプトでは、彼らは協力することを学んだのですが、対立する信仰を持って育てられました。その結果、ケイシーは彼らに、現世では、「二人は、相手の個性に圧倒されるという弱点を持っているのだ」と言いました。ケイシーは彼らに、二人の利益のためにお互いに協力するようにアドバイスしました。「もし同意があるなら、もし理想と目的の一致があるなら、そして一緒に取り組むなら、美しい交友にすることができる！」そうでなければ「どちらかが相手を軽蔑することにもなりかねない」（1981－2）とも注意されました。

あるニューヨークの若い弁護士は婚約者との結婚に踏み切れずにいて、リーディングを受けました。彼は、二人が魂の導きと夫婦としての幸せを得て成功した人生を歩むためのアドバイスを求めました。ケイシーはそのカップルに二人の心の中で今の気持ちを最重要なものとして持ち続ける限り、二人は成功するだろう、「というのは二人の心、体、願望、は現在一致しているからだ」と言いました。二人は、結婚して意見の衝突や争いが起きた時はいつでも、目的が一致していることを思い出すように勧められました。というのは、二人の目的が両立して幸福が創造される必要があったからです。それは既に存在しているものではなく、つくり出す必要があるものです。二人は互いに補うものになるように言われました。ケイシーはもし彼らが二人の関係の重要性を思い出さずに、どちらかが自己中心になったり、自分勝手な動機に屈したりするなら、目的が分かれてしまうだろうと警告しました。その日から、二人は相手に頼ることを学ばなければなりませんでした。その青年が「私たちは本当に愛し合っているのですか？」と尋ねた時、ケイシーは次のように答えました‥

二人とも忘れないでください。愛は与えることです。愛は成長です。愛は増殖されるかもしれないし、焼き払われるかもしれません。各々の無私の心が必要です。結婚などの体、心、そしてスピリットの結合は自己の欲望のためではなく、一体としての二人のためであることを覚えておいてください。愛は成長します。愛は耐えます。愛は許します。愛は理解します。愛は他の人には困難になることをむしろ機会にしてくれます。

その時、相手が与えることや、許すことを座して待つのではなく、お互いに補い合う形で達成することを二人の合致した目的にしてください。

939−1

ケイシーとそのパートナーのガートルードにおける「目的の一致」は夢から始まった!

エドガー・ケイシーは少年時代、既に、彼自身のいつか起きる結婚での「目的の一致」の重要性を暗示する夢を繰り返し見ています。その夢の中で、ケイシーは彼の腕に摑まっている隣にいる女性と美しい自然の森の中を散歩していました。その女性は顔が見えないようにヴェールを被っていましたが、二人はとても愛し合っているようでした。歩いているうちに、彼らは澄んだ、きらきら輝く水が満ちた小川に着きました。彼らはその小川をまたいで丘を登り始めました。そこで一人の男性が立ちはだかって彼らを出迎えました。彼は日に焼けて腰布だけをまとい、彼の足と肩には羽がありました。彼は、どうやらローマの使者、伝達の神のマーキュリーのようでした。

マーキュリーは二人に手をつなぐように告げ、二人はそれに従いました。彼らの合わせた手の上に、彼は金色の長い一枚の布をかけました。そしてそれには「一緒になればすべては成し遂げられるが、一人では何も成し遂げられない」と書かれていました。突然マーキュリーは消えてエドガーとその女性は歩き続けました。そのうちとてもぬかるんだ道が横たわっており、二人はどうやったらここを超えられるのか考えました。彼らが困っていると、マーキュリーが再び現れて彼らに手をつないで金色の布を使うように言いました。二人は手をつなぎ、道の上でその布を振りました。そうするとすぐにぬかるみは乾いて、その道は二人が歩いて旅を続けることができるようになりました。次に、エドガー・ケイシーとその女性は彼らの前にそびえたつ巨大な崖にやって来ました。二人はナイフを使って、足を置くために崖に裂け目を作り、登り始めました。エドガーは先に崖を登って、その後その女性を引っ張り上げ、手と手を取って岩を登りました。その夢はそこで終わりました。

その夢を初めて見たのは、エドガーが結婚することになるガートルードに出会う何年も前のことでした。彼がその夢を見た時、エドガー・ケイシーの母親は、いつか彼が妻と結ばれる時、多くのことを成し遂げるということを意味しているのだと彼に言いました。彼は1903年に結婚しましたが、その後も夢を見ました。ついに1926年に再びケイシーが夢を見た時、その意味についてリーディングを行いました。リーディング（294－62）は、その夢は彼の人生で課題や重要な変化が起きる時に見る傾向があると言いました。その夢は彼とガートルードが協力するかぎり、人生のどんな課題にも立ち向かえ、どんな問題でも乗り越えられるということを単に彼に意識づけるためのものでした。「一緒になればすべてが成し遂げられる」と。

ソウルメイトとして、エドガー・ケイシーとガートルード・ケイシーは過去にさまざまな関係――カップル、親と子、友人、守護者として――で何度も一緒でした。リーディングによれば、彼らの現世での重要な目的は、二人が協力してエドガー・ケイシーの人生の天命となるサイキックな仕事に集中することでした。実際、彼のサイキック・リーディングから得た情報は彼が何千年も前のエジプトの人生で広めた知識にとても似ているとのことでした。エジプトにいた時、エドガー・ケイシーは高僧でガートルードは彼の妻であり女性祭司でした。当時、ガートルードは夫の病気が重くてその務めができない時には、多くの人々へのスポークスマンとして活動しました。どうやら、彼らが一緒に始めた仕事は続ける必要があったようでした。

現世でも、エドガー・ケイシーはガートルードにとても頼っていました。彼女がリーディング実施の責任者になる以前、彼がサイキック状態にある間に何度も重要な役目を任されたことがありました。彼が本当にトランス状態にあるかを確かめるために彼の頬に帽子のピンを刺すようなことをする人たちがいました。またケイシーが眠っている間、ヘルス・リーディングと偽って、彼に気づかれずに競馬の賭けの予想を聞き出そうとする人たちもいました。彼の妻がリーディングに参加しているかぎり、エドガー・ケイシーは何も悪いことは起きないと確信しました。

ケイシーと彼の妻は同じようにリーディングから彼ら自身の人生に関する助言をしばしば受けました。ガートルードは結核が治り、ケイシーは、彼の仕事、健康、慢性の胃の問題を含むさまざまなテーマに関して継続して指導を受けました。彼らの結婚生活はケイシーのサイキックの仕事に捧げられました。そのテーマの多くは一般的ではないものだったので簡単ではありませんでした。今日では、ホリスティック・ヘルス、生まれ変わり、夢解釈、瞑想、直感、そしてリーディングで研究された他の多くのテーマに関する情報は広く受け入れられていますが、その当時、ケイシーの仕事は必ずしも世間に受け入れられていたわけではありません。

ケイシーが亡くなる前の夜、秘書のグラディス・ディビスはその二人の最後の場面を見てとても感動しました。そして彼女はそれをケイシーのアーカイブスに書き留めました。(294－8)エドガー・ケイシーはとても衰弱してとても病状が悪化していました。彼はベッドに横になっていました。そして彼の妻は彼にキスしようと体をかがめました。次の文は彼女がガートルードとエドガーの間で交わされた会話を思い出して書いた記録です‥

彼は「君は僕が君を愛しているのを分かっているよね？」と尋ねました。彼女は頷きました。すると彼は「どのように分かってるの？」と尋ねました。「そうね、実によく分かっているわよ」と彼女は優しい笑みを浮かべて言いました。「君がどう表現できるかは分からないけど、僕は本当に君を愛しているよ」。考えてから彼は続けました。「いいかい、誰かを愛する時、人はその人のために犠牲になる。僕は君を愛することで何を犠牲にしてきたのだろうか？」

そのベッドサイドの場面はとても美しいものだったのでグラディスは涙を流しました。なぜならグラディスはよく理解していたからでした。いかにガートルードがエドガーのそばにいて「彼の仕事」のことになると、彼女自身の希望より彼の希望をいつも優先していたことを。

ガートルードとエドガー・ケイシーのお互いへの献身について最も興味深いことは１９

41年にケイシーが体験したことです。彼のサイキック・リーディングのための主要な情報源はアカシックレコード――宇宙のスーパーコンピューターに匹敵するデーターの集積――でした。ケイシーが「神の記憶の本」とも呼び、そして聖書が「生命の書」と呼んだこの情報の集積は、各人の魂の歴史、過去世、現世の体験、そして展開していく未来を記録しています。リーディングをしている間、彼は夢を見て、その中で彼はアカシックレコードを調べていました。そしてもし彼らが結婚しなかったら彼と彼の妻に何が起きていたのかを見たのでした。彼が見たことによれば、「彼女は結核で1906年に亡くなっていただろう。そして私は胃の病気で1914年に死亡していただろう」。(294－196レポートファイル)

エドガー・ケイシーは私たちの互いの関係はすべて、目的ある体験となる機会であると信じていました。リーディングの言葉でいえば「その関係は偶然ではなく、神聖な目的が実現したものです」。(1772－1)究極的には、その目的は関係者全員の魂の成長です。私たちの人生で意義深い人との出会いや関係について言うと、偶然の出来事も偶然の出会いもありません。私たちは過去に一緒だったために現在引き寄せられるのです。お互いが犯したすべての間違いを私たちは解決する必要があるのと同じように、私たちはお互いから学ぶことを決して忘れてはいけません。

私たち一人ひとりは人間関係のすべての体験を通して良い人間になるために一生の機会を与えられています。それらの機会が活かされるかどうかは依然として自由意志の問題ですが、その可能性は常に存在します。

エドガー・ケイシーは、カウンセラー、指導者、哲学者、そしてスピリチュアルアドバイザーとして、何千人もの人々に対して、人間関係の原動力に関する質問について独自の答えを出してきました。そのすべての情報から、人は探求者であり、それぞれが個人の完全性を求めているということが明らかになってきます。私たちが自分に引き寄せる物はすべて過去の選択、決定、そして教訓の当然の結果にすぎません。すべては現在の特定の瞬間につながっているのです。

ケイシーのソウルメイトに関するリーディングは、自分の人生に引き寄せられるさまざまな人間関係から体験する成長と発展の連続した過程について、驚くべき解説を与えてくれます。これらの人々は、あらゆる人間関係の形で私たちのもとへやって来た私たちの魂の仲間です。――配偶者として、子どもとして、友人として、同僚として、時には私たちの最大の厄介な相手として。彼らは私たちの魂の旅の想像しうるあらゆる時期に存在しました。彼らは私たちを助けるためにそこにいました。私たちが逆に彼らを助けるためにそこにいたのと同じように。

この継続する学びのプロセスの最も驚くべきことは、それが魂の本質について、お互いの絆について、そして私たちがまだ想像できない全人類の創造主との究極的なつながりについて示唆を与えてくれることです。

Part 2

ソウルメイトの事例

なぜなら、愛はあなた方に栄冠を与えると同時に、あなた方を十字架に張りつけるのです。愛はあなた方を育てるのと同時に、枝を切り落とすのです。愛はあなた方の梢に登って日差しに揺れる小枝を愛撫すると同時に、たちまち足もとに降りて土の中に張った根を揺るがすのです。

カリール・ジブラン　『預言者』

魂の片割れ⁉　日本人トビーと作詞家・小説家のアサコのケース

「弟子が準備できた時に、師が現れる」と古いことわざで言われているように、人々は適切な時に、明確な理由で、時として自分でもほとんど気づかずに引き寄せられます。現代の例では、36歳のトビーという名前の日本人の男性が大変苦労した最初の結婚と離婚を経験した後、もう二度と結婚しないと誓いました。彼は永続する人間関係を求めることなく、翻訳家としての自分の仕事に満足していました。知性に溢れ、会社の仕事に専念し、自分の仕事に打ち込んでいました。長時間にわたる仕事や度重なる予定の変更のおかげで、トビーには、デートはもちろん、仕事以外での人付き合いの時間もほとんどありませんでした。

同じ頃、女性の作詞家で小説家のアサコは結婚相手を見つけることをほぼ諦めていました。彼女はとても成功していましたが、35歳のアサコは結婚歴がなく、結婚相手になりそうな人も見つけてはいませんでした。日本社会の多くの人の目には、彼女は早くも婚期を逃がした女性と見なされつつありました。

偶然にも年末に、二人の共通の友人が、二人が会うようにパーティをアレンジしました。

それはその年トビーが出席した数少ないパーティのうちの一つでした。二人の出会いは十分上手く行きました。彼はアサコが魅力的で、チャーミングで、知的だと思いました。しかし、友人たちが彼に彼女がどれほど仕事で成功しているかを知らせた時、トビーは自分の頭から彼女との恋愛関係について考えることを止めました。自分は彼女と比べて貧しいと思ったからでした。彼は恋愛関係を持たないことを誓っていて再婚しないことを自身に約束していました。彼が「彼女は自分には手が届かない」と思ったことは言うまでもなく、その考えそのものが「あり得ない」ということでした。アサコとしては、トビーはとても楽しい人でしたが、トビーが「自分の友人」以上になるとは思っていませんでした。どうやら、二人のそれぞれの魂は心の中で全く違ったことを考えていたようでした。

元旦にトビーとアサコはそれぞれの自宅で、とても重要に思える夢を見て目が覚めました。二人はその夢には何か意味があると思いました。なぜなら日本では新年に見る初夢はとても大きな意味があると考えられているからでした。トビーの夢はアサコに関係しているように思えたので、彼は彼女に電話して自分が見たことを伝えました。驚いたことに、彼は彼女がほとんど同じ夢を見て目が覚めたことを告げられたのです。少なくとも、二人は同じような「強いスピリチュアル的なつながり」を共有していると確信したのでした。トビーによれば：

夢の中で、私は日本にある私の両親の家へ彼女を連れて行きました。私の実家は実際には小さな、典型的な日本家屋ですが、夢の中では豪邸のようでした。始めに、私は彼女を寝室、それからランドリールーム、そして最後に幾つかのゲストルームへと案内しました。驚いたことに、彼女はほとんど同じ夢を見ていたのでした。彼女の夢の中では、知らない男性が彼女を大きな日本家屋へと連れて行ったのでした。始め、彼女はバスルームへ案内され、そしてそれから洗濯機を見て、最後に大きなゲストルームへと連れて行かれたとのことでした。

似たような夢を見たため、彼らの最初の考えに反し、二人は付き合うことに決めました。数か月して彼らは結婚して、二人が会ってから2年のうちに娘をもうけました。トビーによれば、二人は出会ってから比較的すぐに結婚したのですが、二人が一緒になることに消極的だった時期を乗り越えた後は、まるでとても長い間お互いを知っていたような感じだったと言います。そしてアサコによれば、それは「彼が私の魂の片割れのような」とても不思議な思いもよらない感覚だったとのことです。

キャサリンとハンスの古代エジプトとペルシャでの過去世からの縁！

エドガー・ケイシーのリーディングの例では、ハンスという青年はすぐにでも結婚できる準備ができていましたが、彼が求愛していたキャサリンという若い女性はとてもためらっているようでした。

ハンスはデンマークの大手の貿易会社に勤めていました。デンマークで生まれた彼は20歳代でアメリカ合衆国へ転勤して10年ほどしてシアトル事務所の所長になりました。デンマーク領事として彼はキャサリンに会いました。彼自身の言葉によればお互いにビビッときたのでした。

キャサリンはマサチューセッツで生まれました。ニューヨークの室内装飾の学校を卒業後、彼女の叔母のベティ（彼女を育てた）とシアトルの友人を訪問していた時のことです。真珠湾が攻撃されて二人はシアトルで「足止め」されました。ガソリンはすぐに配給になって家へ運転して帰るために必要な燃料を得る方法がありませんでした。仕方なくキャサリンと彼女の叔母は、シアトルでゼロから新しい生活を始めたのでした。

キャサリンはプロテスタントの会衆派教会のヤングアダルトグループの会長になりまし

た。そしてハンスに講演してくれるように頼みました。デンマークの領事として彼はどんなグループの所へでも喜んで行って「ナチスのかかとで踏まれているデンマーク」について話をしました。すべての手配は電話で行われました。彼女はそのミーティングが行われることになっていた教会の入口の扉で初めて彼に会いました。ハンスが手を伸ばして彼女の手に触れるや否や、彼は「何かが私の中で起きた」と気づき、「私は彼女にもう一度会わなければならない」と思ったのです。彼はその瞬間から彼女を追い求めました。その時、彼は29歳で、彼女は26歳でした。

しかし、キャサリンは友情以上の関係に関心がありませんでした。彼女はすでにリチャードという青年と付き合っていました。彼は彼女と多くの興味を共有していました。本当のところ、彼女は彼らのどちらとも永続的な関係を持つことに興味がありませんでした。彼女は友人を持つのは好きでしたが、結婚は別の問題だと思っていたのです。キャサリンの叔母のベティは以前彼女のためにライフ・リーディングを受けたことがありました。その中で、キャサリンは過去世での体験のため、生まれつき愛されたいという欲求と自由で人に頼らないままでいたいという欲求の板挟みになっていると言われました。

個人的な才能としては、キャサリンは織物、デザイン、そして裁縫が得意でした。彼女の過去世のリーディングもまた多くの魂の才能を挙げました。ローマでは、彼女はさまざまな人々のグループの活動を運営することに関わっていました。それ以来、彼女はアウトドア、競技、そしてスポーツに対する深い関心を持つようになりました。ペルシャでは、さまざまな国の多くの人々とさまざまな国々の代表に影響を与えました。同じ頃、彼女は織物、錦織、そして絹を扱う仕事もしていました。古代エジプトでは、彼女は寺院で働いていて、人々が人生の目的を見つける手伝いをしました。彼女の過去世の多くは装飾やデザインに何らかの関係があるようでした。キャサリンはその情報に驚きました。なぜなら、当時彼女はテキスタイルデザインと装飾を専門にしていて装飾学校へ行く奨学金を獲得していたからでした（その情報をリーディングの時にケイシーは知りませんでした）。

シアトルへの旅の前に、既にベティ叔母さんはエドガー・ケイシーの個人的な友人になっていました。彼女はケイシーに手紙を書いて、自分の姪に関心を持っている二人の男性がいることと、キャサリン自身はどちらとも付き合うことに消極的であることを伝えました。ベティは彼に「二人の男性は思慮深く、スピリチュアルなことに関心があり、自然を愛するなど多くの点でとてもよく似ています。二人は誰と結婚しても理想的な夫になるでしょう」と言いました。ハンスに関して彼女は次のように付け加えました‥

私は彼が真剣ではないと思っていましたが、そうではありませんでした。彼はキャ

サリンをとても愛しています――実際、彼は彼女にプロポーズしました。そして彼女は断りました。彼を傷つけたことで、彼女自身の感情が呼び起されました（初めて）。ハンスは自分が性急過ぎたと判断しました。そして彼は彼女の気持ちを変えることができるという希望を持って待っています。彼はサンフランシスコに転勤することになっています……そして彼は新年までにキャサリンが彼についてきてくれることを願っています。

キャサリンはリチャードに、ハンスと乗馬、水泳などに一緒に出かけていると手紙を書きました。それに対して、リチャードが手紙で急に心配をあらわにしたと思われるでしょうが、彼はキャサリンに対する思いを表に出さないので、彼女は、彼が深い友情を感じているだけだと思っています。

キャサリンのハンスに対する感情について言えば、キャサリンは単なる普通の友情として見ていました。彼女は彼と一緒にハイキング、乗馬、あるいは単なる会話を楽しんでいましたが、彼女は結婚に関心を持っていませんでした。ハンスは、アウトドアへの嗜好、人生についての似た哲学観、スピリチュアルへの共通の興味を分かち合う友情のレベルで満足しなければならないのでした。ベティ叔母さんは、ケイシー家へ補足の手紙を送り、

状況をアップデートしました‥

ハンスは転勤しました……彼はとても良い青年でキャサリンをとても愛しています。彼女がそれに応えないのは何か理由があるに違いありません。というのは私が知る限り、彼は彼女をとても幸せにするだろうと思うからです。多分、彼女は「愛」が何なのか知らないのです。かわいそうなハンス……彼はとても落胆しています。私たちは彼がリーディングに同意してくれることを望んでいます。しかし彼の現在の精神状態では、誰も、何も彼にできるようには思えません。それはとても悲しいことです……キャサリンは困惑して彼がこの精神的憂鬱を乗り越えるように励ます手紙を書こうとしました。しかし少なくとも今のところは望みがないように思えます。

１７７０―８　レポートファイル

キャサリンとベティはケイシーの仕事を評価していたので、ハンスにケイシーの伝記『*There Is a River*』（『永遠のエドガー・ケイシー』）を貸しました。それを読んでハンスは、彼がキャサリンに「ずっと昔」に会ったことがあると確信しました。結果として彼はライフ・リーディングを頼みました。エドガー・ケイシーの忙しいスケジュールのため、リーディングは1944年4月まで予約が取れませんでした。ベティ叔母さんはハンスと同じようにリーディングを楽しみにしていました。なぜなら彼女は「リーディングによってキャサリンが解放され、彼女自身の本当の気持ちを分析するかもしれない」と信じていたからでした。

ついに4月がやって来て、リーディングは、ハンスが多くの才能を持っていると分析しました。彼は多くの旅、国際関係、貿易、そして外交戦略に関わる運命でした。彼はとても知的で多くの責任、重要な取引を任せられることができ、そして熟練した指導者であると言われました‥

というのは、実体（※3）は大きな組織、会社、州、あるいは国家の仕事を任されて指揮できるように生きてきたからです。そして実体が魂の理想と心理的理想を選択するなら……実体はほとんど憂いなく、この現世の滞在で精神的にも心理的にも調和、平和、そして成長をもたらすだけではなく、この物質的経験を他の人たちへの光と助けにするでしょう。

4503－1

（※3）ケイシーのリーディングでは相談者のことを抽象化して「実体」（entitiy）と呼ぶことが多い（訳者注）

過去世で、ハンスはデンマークとアメリカ合衆国の間の海運業に関与していました。ペルシャでは、彼はエジプトとゴビ間を行き来する貿易の責任者でした。古代エジプトでは、政府によって国の代表に選ばれました。彼らが明らかに知り合いであった時期はいろいろありましたが、キャサリンが彼の妻になったのはペルシャの人生でのことでした。彼女は彼の友人であり、仲間であり、そしてしばしば彼が指導と助言を求めた信頼できるアドバイザーでした。ハンスはいつも彼の仲間に対して畏敬と尊敬を持っていました。ケイシーはキャサリンとハンスが現世で結婚して、かつてペルシャで共有していた関係を続けるのは良い考えだと示唆しました。どうやら、以前の彼らの体験では多くのことがお互いに完了していないようでした。ハンスによれば、最終的に「キャサリンが諦めて私たちが1944年の10月に結婚した」のはリーディングが与えたアドバイスのおかげだったと彼は信じています。二人の結婚後、彼は商務官になって燃料や肥料などの緊急に必要な大量な物資を調達して国を助けました。デンマークが復興と発展のために世界銀行から400万ドルの融資を受けた時、ハンスはデンマークにおける対世界銀行の窓口に選任されました。そしてその融資から資金を引き出して支出する権限を与えられました。戦後のマーシャルプランによる復興への取り組みで、デンマークは1943年から1953年にかけて経済援助として約2億8000万ドルを受け取りました。ハンスはこれらの資金計画について交渉し、すべての資金調達について監督しました。1953年には彼は仕事を変えてデンマーク精肉加工業の米国代表になりました。

彼はかつて「私は仕事で海外を飛び回ることが不可欠でした。その間ずっと、キャサリンは疑うことなく私を信じてくれました。そして私はそれに応えました。そしていつも家に帰ると新たな新婚旅行をしているように感じました」と言いました。

1950年代にハンスは「私の仕事は私の人生の目的をより上手く達成してくれる媒体であると考えています。それは家を買ったり、家族を養うために必要な手段を得る場所であるだけではなく、そこで私が自分の目的を表現できる場所なのです……」と手紙に書きました。1964年には彼はデンマーク精肉加工業への顕著な貢献を評価されデンマークからナイトの称号を授けられました。

長年にわたり、キャサリンとハンスはエドガー・ケイシー財団に彼らの結婚に関する最新情報を提供しました。結婚して50年以上経った1988年にキャサリンは「私たちはお互いにとてもウマが合うのです。私たちは多くの人生を一緒に過ごして尖った角をこすり落としたのだと思います。というのは今回の一緒の人生は順風満帆だったからです」と書いています。もちろん、二人は困難も共有しました。彼女は次のように付け加えました。

「4人の子どもがいて、問題がない子はいません」それには、息子の自殺未遂と同性愛の発覚、そして娘が異なる人種の男性と恋に落ちて結婚を望んだことも含まれています。そしてこの二つの出来事は社会がそのようなことに対して偏見を持っていた時代に起きました。しかしながら、ハンスとキャサリンはあらゆる困難に「お互いを助け合い、子どもを助け、魂の信ずるところに従い、許しや受容などで協力して対応しました。私たちは祈りと信頼でこれらの困難に立ち向かいお互いに支え合いました」。

ハンスは彼らの結婚を振り返って「私たちの結婚は調和の取れた素晴らしいものでした。私たちは結婚してからずっといつもお互いに支え合って喧嘩したこともありません」と言いました。確かに、意見の相違はありました。「しかしそれらは理性的にそして礼儀正しく言い合いました」。子どもたちに関しては「一致団結して立ち向かいました。子どもたちはすぐに私たちの一人をもう一方と戦わせることができないことを学びました。私たちを分断しようとしても『お母さん／お父さんは何って言った？』という言葉を返されるのです。それが私たちの子どもに対する答えでした」。

彼らの結婚生活は、それぞれが相手に調和して、子どもたち、家庭、旅行、そしてスピリチュアルな道へ真剣に取り組むという協働の努力でした。キャサリンはハンスから「柔軟になること、物事を型どおりに見ない、白か黒で見ないことを学びました。私はより自由になりました。もっと遊んで、私のピューリタン的な倫理感から抜け出すことができました」。彼女は彼が、よりバランスの取れた人生を送れるように助けてくれたと感じています。ハンスは、キャサリンから「忍耐、色とデザインの重要性、深い思いやりの気持ちを学びました。私たちはお互いに信頼と誠実さを示しました。キャサリンはデンマーク語を学び、私たちがデンマークへ行った時に彼女はよく話しました。そして私は彼女の芸術的才能を支援して彼女を勇気づけました」。

彼らが旅行している時に何度も、彼らに出会った人たちは二人の関係について次のようにコメントしました。「結婚して何年も経っているのにこんなに愛し合っているカップルを見るのは素晴らしいことです」、「あなた方は私たちにとって喜びであり刺激です」、「あなたたち二人は何て素晴らしいお手本なのでしょう」、「あなたたち二人と一緒にいると、とても幸せな気持ちになります」。

ハンスは「私たちの50年以上にわたる結婚生活は——現時点では——愛と理解と信頼の途切れなく続く物語なのです」と総括しています。成功する関係を作るための公式は？と聞かれると、「60パーセント与えて40パーセント期待する」。キャサリンは「小さな、こだわりの癖を受け入れて大目に見る。そしてすべてに勝る愛の深さと温かさに感謝する」と付け加えます。

過去世で3回一緒だった体験を活かせなかったアンナとデイブの現世で上手く行かなかったケース

アンナとデイブ・ミッチェルの物語はあまり上手く行かなかったソウルメイトについての報告です。１９３５年に28歳のデイブという名前の作家が6年間付き合っている彼の恋人との結婚の可能性についてリーディングを依頼しました。ケイシーはリーディングで二人は過去世で３回一緒だったことがあるということ、そして「もし二人の努力が正しい方向に導かれるなら」（８４９－12）現世で多くのことを達成することができると断言しました。ケイシーは、二人は一緒に取り組むことがたくさんあるが、それは「忍耐、寛容、愛」によって成し遂げられると言いました。どうやら、魂のレベルで、相互依存関係があり、責任を共有していたようでした。過去のさまざまな時に、二人は相手の成長を助けたり、悪影響を与えたりしたことがありました。現世で、アンナとデイブは結婚するようにアドバイスを受けました。そして二人とも結婚が『フィフティー・フィフティー』の関係であることを念頭に置き、彼らは目的を一致させる必要があるとアドバイスされました。リーディングの終わりにケイシーは「それでは、利己的にならないように気をつけなさい」と付け加えました。

彼らが結婚して2週間もしない内に、デイブはケイシーの助言に感謝する手紙を送りました：

私たちは、もちろん、この上なく幸せです。そして特に、私たち二人はあのリーディングについてあなたに感謝したいのです。人生はいつもバラ色にはならないですが、あなたの贈り物からもたらされた知識と助けに従って、私たちは「どんな困難なことでも受け入れて」進んで行くことを望んでいます……。

何年にもわたって、デイブと妻は彼らの関係、作家としてのデイブのキャリア、彼らの過去世、そして結婚して2年ほどで生まれた娘についての多くのリーディングを受けました。あるリーディングで、二人は一番彼らに影響を与えている過去は英国と古代エジプトでの共通の体験だったと言われました。

エジプトでは、行政がアンナをデイブの妻に指名したのですが、デイブはそれに抵抗しました。理由は彼がアンナを嫌いだったということではなく、国家が国民の個人的なことをそこまで支配していたことが不愉快だったからでした。他方、アンナはデイブが彼女を拒絶したことによって見捨てられたと感じていました。

彼らが一緒に過ごした直近の体験は英国でした。それはヘンリー八世がローマと決別する前のことで、デイブはカトリックの司祭でアンナは尼僧でした。その時、二人はお互いに惹かれ合っていました。どうやら、司祭は精神的にその尼僧を支配していて、良くはないと思いながらも彼女に独身の誓いを破るように迫りました。リーディングによれば、アンナは誓いを破ったことについてデイブをまだ許してはいませんでした。大変興味深いことに、現世ではアンナとデイブの二人は敬虔なカトリックとして育てられました。しかしながら、二人は違っていて、アンナは彼女の信仰にとても熱心でしたが、一方デイブは信仰に対して内心では反感を持っていました。二人の間の過去世における対立の影響にもかかわらず、アンナはリーディングで、もし彼女がデイブとの個人的な関係の改善に取り組むなら、彼女は「自分と他の人により多くの満足、より深い理解、より大きな祝福をもたらす」機会を持つだろうと言われました。（1102－1）また、デイブは家庭と家族を大事にすることに彼のエネルギーを注ぐように言われました。

6年間の恋愛期間にもかかわらず、結婚後しばらくして、二人の間の違いがその関係を蝕んでいました。アンナはデイブがカトリックに「背いている」ことにますます悩んでいました。これに対して、デイブは「アンナは私がカトリックの信仰を再び完全に受け入れる――それはあり得ないことだが――まで満足しないと確信している」と言っていました。おそらく、エジプトで妻として拒否されたため、また英国で独身の誓いを破ったために、アンナは夫ほど性的な要求頻度はありませんでした。結果としてデイブは彼の妻を不感症と呼び、アンナは夫の女性に対する考え方が原始的で古めかしいと思ったのでした。現在デイブは、彼が過去で行ったように、また妻を精神的に支配しようとしました。しかしながら、いつからともなくアンナは独立心と自律心を強めていきました。デイブは、二人の違いに取り組んで解決しようとはせず、ますます自分の知的な探求と作家のキャリアに集中しました。アンナももっとよそよそしくなりました。そして、それぞれが相手のことを腹立たしく思うようになりました。

結婚して2年の内に、デイブは深刻な病気にかかりました。それは、医者によれば、関節炎、脊髄膜炎と小児麻痺の組み合わさった症状に似ていました。とても短期間のうちにデイブは腕しか動かせない程度にまで麻痺して、自分のことも何もできなくなりました。まるで独身の誓いを破った彼ら二人にお灸を据えるかの如く、二人の間の性的な関係は問題外となりました。二人は悲惨な状態になりました。アンナは自分の信仰に従い彼と離婚することを拒絶しました。そしてデイブは友人に「結婚はとても不快なもので、もし自分が独身で他の女性が自分と結婚しようと画策するならば、多分私は彼女を殺すだろう」とまで言う始末でした。デイブは誰かと結婚しているということは考えたくもないことでした。彼は続けて言いました「私は禁欲生活が真の幸福への唯一の方法だと確信しています」。二人とも協力することや、彼らの違いを乗り越えようとするより、変わる必要があるのは相手の方であるという考えに固執していました。

デイブは病気のために関節病の病院やジョンズ・ホプキンス大学病院などに入院し、外出禁止の状態でした。アンナは彼が病院に軟禁状態にあった間、彼の見舞いに行くべきであると思っていましたが、彼は彼女に会うことを楽しみにしていなかったし、家に帰りたいとも思っていませんでした。別居していたにもかかわらず、彼は自分の家族を支えるために執筆活動を続けていました。しかし、医者からタイプライターに向かって座るのは一日一時間だけに制限されました。自分の時間を有効に使うために、デイブは与えられた時間に書き始める前に頭の中で１０００の単語の原稿を構成して編集しました。彼の病気の痛みは耐えがたいものでした。車椅子なしでは動けなくなって、彼はアスピリン、咳止め、ホルモン剤、鎮痛剤、睡眠薬などの薬の他、多くの実験的な治療を受けました。そして彼自身の言葉によれば「ブランデー」への依存は言うまでもありませんでした。アンナの父親が脳卒中と麻痺になった時、デイブは彼の妻と一緒に暮らすために家に戻ることを余儀なくされました。その結果としてアンナは二人の病人――夫と父親――の世話をしなければばなりませんでした。デイブはその状況に耐えられませんでした。１９４１年、彼はリーディングで、彼は妻とどのように協力するべきなのかについて尋ねました。彼が言われたことの一部は：

> というのは、彼らは現世の活動を通して彼らの目的を達成することが必要なのだ。そうするには、二人が選択しなければならない。彼らはお互いに協力的でなければならない。あなたの知っている方法だ。それを行わなければならない。
>
> ８４９－60

それより数か月前に、ケイシーはアンナにも「二人とも相手を必要としている」（１１０２－５）と伝えました。

その後10年にわたり、デイブの病状は一進一退を繰り返しました。彼の病気は深刻でしたが、友人たちはデイブが多くの旅行に出かけられるように手配しました。彼の治療と作家のキャリアのためにです。ともかく、彼は何とか１９４９年に中東へも取材旅行に出かけ、イスラエルの新国家建設についての目撃談を書きました。彼が病気の間に彼は全部で、7冊の本、数えきれない書評、そしてさまざまな雑誌の記事を書くことができました。彼は家から離れて執筆活動で忙しくしている時が一番幸せに見えました。他方、アンナは娘と一緒にいる時が幸せでした。

最終的に、ちょうど、デイブの病気が再発し、二人の不和が再燃していた時に、医者はデイブの痛みを和らげるために一連の実験的な手術を提案しました。最初からアンナはその案に反対でしたが、デイブはその治療を望んでいると主張しました。デイブはその手術を受けた後、合併症が発症し、腎臓の機能不全になって１９５３年1月に亡くなりました。デイブ・ミッチェルはわずか45歳でした。

ケイシーのリーディングを受けたり、二人が協力する必要性を促すような多くの場面があったにもかかわらず、デイブとアンナは過去からの体験を克服したり、癒やしたり、取り組んだりできたようには見受けられませんでした。必然的に、未来のある時点で彼らは再び一緒になってその同じ問題に取り組む必要があるでしょう。

夢と個人的な直感も重要！　メアリーとブライアンのケース

あるカップルに、エドガー・ケイシーの過去世のリーディングを受けて、別の過去の人生を垣間見るよう勧めることも有効ですが、夢と個人的な直感の両方も同じように重要です。メアリーとブライアンの物語がこのことを示しています。1988年1月、メアリーは娘のナンシーと新しい生活を始めるために中規模の学園都市へ引っ越しました。メアリーはまだ36歳でしたが、最初の夫がガンで亡くなってからずっと何年も未亡人でした。

メアリーは大学の授業を幾つか受講し、新しい仕事を見つけ、そして人生をやり直そうと決めていました。彼女が到着したまさにその日、彼女と同じクラスにブライアンがいるのを見て、すぐに「私は彼を前から知っている」と感じました。その後、彼女はブライアンが2歳年上で、牧師を辞めて同じ学園都市で新しい生活を始めるためやって来たのを知りました。彼女は彼について最初に思ったことについて次のように詳しく話しています‥

私はどこかで彼を知っているような気がしてすぐに彼に惹かれました。私は彼と親密な知り合いになるという気がしました。私はその朝着いたばかりで、街をうろついたり、人と知り合いになったりする余裕はなく、引っ越しのためにするべきことが山ほどあったので、そのことについて特に喜んではいませんでした。私は時間をかけたくなかったし、その時にエネルギーを使う余裕はありませんでした。私は家を見つけること、仕事を見つけること、そして娘を学校に慣れさせることで手一杯でした。

しばらくして、メアリーは、恋愛関係を持つようになることを示唆するような夢を見ました。その夢は、彼女が集会に参加する場面で、彼女が知っているカップルが彼女と一緒に会議室に入りました。そして3人はそろって座りました。メアリーの横は空席でした。夢の中で彼女は誰かのためにその席を確保していました。数回いろんな人たちがその席に座ろうとしましたが、メアリーは彼らにその席は他の人が座ることになっていると伝えました。その集会の途中、メアリーは夢の解釈の才能がある女性と話すために席を立ちました。その女性は、彼女自身が夫に会った予知夢をかつて見たことがあるとメアリーに話しました。その会話の中で、その女性とメアリーは隠し引き出しがたくさんある古いビクトリア様式の机のことに触れ、夢の中にもその机が現れました。その引き出しの一つを開けると、合衆国の地図が入っていました。メアリーはその地図のミシシッピ川にはっきりと印がつけられていたことを覚えています。そしてその女性は合衆国の北の方にあるミシシッピ川の河畔の町を指し示しました。そしてメアリーが探しているものはこの地域にあると言いました。メアリーはお礼を言って集会室の自分の席に戻りました。席に戻った時、気がつくと、隣の空席に一人の男性が座っていました。彼女は名前を知りませんでしたが、彼ら二人は、最初一緒に会議室にやって来たカップルと共に軽食を食べました。

その夢を見た2、3日後、メアリーとブライアンは大学の外で偶然出会いました。そしてランチを食べに行くことにしました。会話の中で、ブライアンは合衆国の北のほう、ミシシッピ川のすぐ隣の小さな町で生まれたと言いました。それから数週間、メアリーは、彼女とブライアンがかつて本当にビクトリア朝の英国にいたという印象を受け始めました。彼女はまた英国の前にも同じように一緒にいたことがあると感じました。その人生では彼は彼女の息子でした。

二人は付き合い始めましたが、すべてがスムーズに行ったわけではありません。メアリーの娘のナンシーが二人の関係を認めなかったことに加えて、二人は何度も口論をしました。激しい口論をした後、二人はもう会わないと決心しました。しかしその別れは2、3日しか続きませんでした。

時が経って、メアリーは彼ら二人が1800年代の英国で始まった関係を続けていると感じ始めていました。その当時、彼ら二人は不倫関係にあったと彼女は確信しました。ブライアンは司祭で、17世紀のメアリーと新しい生活を始めるために、妻と別れてアメリカに渡ると約束したのだと想像しました。しかしながら、ブライアンは現れることなく、メアリーは波止場で空しく待っていたのでした。メアリーは、その体験をブライアンが——二人が現在会った時とほぼ同じ年齢——39歳の頃だったと信じています。とても興味深いことに、後年ブライアンが取り組んでいるプロジェクトについての心霊相談をした時に、その霊能力者は、何も知らないはずですが、メアリーが抱く過去世の「想像上の印象」のいくつかを裏付けています。興味深いことに、現世で、ブライアンはある女性に惹かれていたことがありましたが、望み薄でした。なぜなら彼女は別の男性と既に結婚していたので叶わぬ恋だったからです。ブライアンとメアリーはその女性は彼が英国で不義理をした女性の生まれ変わりのように思いました。

ブライアンとメアリーは初めて出会ってから1年後、一緒に住み始めました。そして「生涯にわたる関係」を始めました。ほとんどすぐに、メアリーの娘のナンシーは二人を別れさせるために「あらゆる手立て」を講じました。メアリーによれば‥

ナンシーは一貫してブライアンが出ていくか、私が彼より彼女を選ぶかのどちらかを期待して彼を権力闘争に引きずり込もうとしました。彼女の罠にかかる前に、彼は彼女を避けました。彼は決して私に、彼の味方をしろとか、ナンシーより彼を選べとかのプレッシャーを与えず、彼女と独白の関係を持つように私を励ましてくれました。彼は彼女の葛藤を私が理解するのを助けてくれました。そしていつも私の決断に耳を傾け、支援してくれました。彼は決して彼のやり方で私をナンシーに対処させようとはしませんでした。表に出てくることも、押し付けることもなく、彼は私が彼女を助けるのを手助けしてくれました。彼は彼女に直接的には対決しませんでした。そうしていたなら悲惨なことになっていたでしょう。なぜなら、彼女はとても反抗的な性格なので多くの怒りと敵意を持って彼に向かったことでしょう。彼は彼女をとても支えました。そして何年も経って、彼女は成長して彼に感謝し彼を愛するようになりました。私は私たち3人のカルマの関係は分かりませんが、とても強い絆があったことは間違いありません。私たち二人は必ずしも完璧ではありませんが愛と理解を持って意識的にカルマの関係に対応するようにしてきました。私たちのこの努力の最大の助けとなったのは、私たちが共有する魂の価値観、信念、そして人生哲学でした。

一緒になって10年経った今では、ブライアンとメアリーは二人の関係がかつてないほど強いように感じています。カップルとして、彼らは英国、スコットランド、エジプト、そしてギリシャへ旅をしました。そこは二人が以前一緒だったと確信している場所でした。そして二人は出会うためにその学園都市への引っ越しを余儀なくされたように感じています。そして二人は「もし私たちが人生のもっと早い時期に会っていたなら、私たちは一緒にはならなかったでしょう。私たちは、二人の関係がもたらす確執、要求、そして成長の機会に対処できるようになるまで成長する必要があったのです」。

ブライアンは、メアリーから心を開いて自分の感情を喜んで表すことを学びました。それは彼が以前は避けていたことでした。メアリーがナンシーと協力しているのを見て、彼はまた「無条件で普遍的な愛とは何か」を学びました。メアリーはブライアンのことを、他の人たちを受け入れて彼らの弱点を見逃すことができる人として見ています。私は「彼から他の人たちを否定したり非難したりするのではなく、努力をしている人を、成長しようとしている人間として捉えて、サポートすることを学びました」。二人は相手の人生にバランス感覚を与えて来ました。

ブライアンによれば、夫婦としての彼らの仕事は進行中です‥

無条件の愛という感覚は、私たちがお互いのより暗い、もっとイライラさせる、もっと不愉快な面を見た時に成長したと思います。私たちはお互いのこういう側面について学び、体験しているのですが、今の私たちが完全になるためには、これらネガティブな部分への愛と受容が二人の間に必要なのです。それは、私たちが精神的そして感情的な成長過程にあるということ、そして私たちがまだ目的には到達していないということを認めることです。

メアリーは、彼女の最初の夫との関係もまた「ソウルメイト」だったと信じています。ブライアンと共有している関係と種類は異なりますが……

私は最初の夫との関係もまたソウルメイトの関係だったと信じています。私たちは多くのレベルで成長するためにお互いを助けました。私は彼の病気と最終的な死とそこへ至る苦闘に立ち向かうのを助けました。彼は私が肉体的、精神的、そして感情的に悲劇に直面している人を助けるとはどのようなことなのかを学ばせてくれました。彼はまた私に、他の誰かに喜んで与えて、自分自身より彼らのことを優先する方法を教えてくれました。私は彼が亡くなった後、個人として成長することを余儀なくされました。なぜなら私は娘と二人取り残された生活に直面し、それを通して成長し、そして対処しなければならなかったからです。

逆に、それまで私は夫との関係に埋もれてしまっている状態でした。私は自分自身の個性、目的、あるいは長所と短所について考えたことはありませんでした。私は全く完全に私の夫と一体になって彼に溶け込んでいました。彼が亡くなった時、私は精神的に打ちのめされて、自分が何かを明確にして個人として成長するのに何年もかかりました。もし私がこの成長を成し遂げることができなかったら、ブライアンとの関係が存続したとは思いません。ブライアンはまとわりつくタイプの人が嫌いなのです。彼はとても静かですが、自分が何をしたいのか、そして自分は誰であるのかをとてもよく分かっています。私が多くを頼むと彼は必ず拒絶反応を起こしました。その時彼はただもっと静かになって、より離れて、自分の内にこもります。この反応は私が望んでいるもの、あるいは彼につながりを感じたいという要求とは正反対のものです。彼が望んでいる自由と空間を与えるために、私は自分自身の関心事項を持ち、自律することを学ぶ必要がありました。最初の夫が促し愛してくれた私の依存的な部分を、ブライアンは息苦しく感じていたのでした。私を知っている多くの人たちは、私がとても支配的な強い意志を持った人間だと思っています。私は何年もかけてそうなったのですが、これは私の生まれながらの性格でありませんし、誰か他の人に頼りたい部分がいつもあります。ブライアンが私のそういった性格を育ててくれたのでした。

自己防衛と依存、困難を乗り越えたエドとスーザンのケース

別のカップルのエドとスーザンはお互いにすぐに惹かれました。そして二人はついに「正しい」関係を見つけたと感じたのでした。エドは2回結婚して2回離婚していました。

そしてスーザンは離婚して自分自身を「独立心が強い」と考えていました。二人とも以前の結婚での子どもがいました。エドによれば、彼は「初めて、正しい人といる感覚」を持ったのでした。そしてエドに対するスーザンの気持ちはまさに彼女が「永遠に探していた」人であるかのようでした。

彼らが引き寄せられたのは否定できませんが、その関係は必ずしも完璧ではありませんでした。結婚後しばらくして、スーザンは自分たちの結婚と自分の人生の方向について再考するために1か月間家を離れる決断をしました。その時、エドは、彼女が戻って来るかどうかにかかわらず、彼女を愛して二人が一緒になったことを感謝し続けることを決心しました。その後、二人が和解した後、エドは自分自身の仕事の問題、以前の人間関係の解決していない問題を抱え、方向性を失ってアルコールに溺れることになりました。彼らの進行中の課題は「私たち二人ともこのチームの司令塔になりたい」という状況を解決することです。

それにもかかわらず、お互いに対する愛は持続しています。サイキック・リーディングが彼らは過去に何度もカップルとして、そして兄妹として一緒だったと述べました。二人の過去の結びつきにもかかわらず、彼らが共有しているパターンは「お互いを引き寄せ、お互いに教え合い、そしてお互いに支え合う」ことです。結婚して何年も経ってから、エドはスーザンと一緒にいることで自尊心を持つようになりました。スーザンは帰属意識に気づいて、以前の彼女の「自己防衛」の一部がなくなったのが分かりました。エドは自分の依存的な行動を克服し、スーザンはようやく落ち着くことができるように感じました。二人はお互いに自分たちの子どもたちとの関係を高める手助けもしました。10年経った今でも、彼らは一緒にいることを楽しんでいます。

「一緒にいるのは初めてではなく、最後でもない」ボブとダイアンの繰り返すソウルメイトのケース

別のカップルのボブとダイアン・アーロンは、40年以上経っても、二人が離れている時は今もなお「不完全」だと感じています。ボブの感覚では、彼はいつも「自分はぴったりとした女性と結婚するだろう」と考えていました。しかしながら、彼が初めてダイアンに会った時、彼女は素敵で、魅力的で、知的で、会話がはずみましたが、彼は「それほどいい印象がありませんでした」。その上、彼は彼女をデートに誘うつもりはありませんでした。半年後、彼らはたまたま再び「偶然に」出会いました。そしてボブはとりあえず彼女をデートに誘いました。二人は3か月しないうちに婚約して半年経たないうちに結婚しま

した。

彼らの結婚生活は充実してやりがいのあるものでした。二人の間のコミュニケーションは必ずしも簡単ではありませんでしたが、「私たちの間には根本的に無条件の愛の確信」がありました。ボブとダイアンは4人の子どもの親であり、二人は「子育てにおいてお互いの要求に譲歩し、統一戦線を張りましたが、子育ては最大の意見の対立と争いの場になりました」。ダイアンによれば「私は子どもたちに、夫への愛が一番であること、そして私は子どもたちにも、子どもの伴侶との人生においても同じようになって欲しいと何度も言いました。共に過ごした人生を通して、私たちはとにかくどちらが正しいかということより愛を深めることを学びました」。

具体的にいつの人生なのか定かではありませんが、ダイアンは、「ボブとは多くの過去世で一緒でした。私たちは本当によく似た考えを持っています。同調して快適な感じがするのです。私たちが一緒にいるのは初めてではなく、最後でもない」と確信しています。彼らの関係を振り返ってみて、彼女は「私たちはとても上手く協力し、私たちの能力をお互いに補完し合い、一緒にいる必要性を感じ、魂の成長を大いに共有して体験したいという願望を抱いていました」。

息子がゲイであるということが分かったり、ボブが最近ガンと診断されたりしたのですが、これらのことを「愛情を込めて無条件に受け入れる」方法を学ぶことが、彼らの結婚生活での課題です。今でも、二人は多くの会話、祈り、無条件の愛、そして子どもたちとお互いへの揺るぎない献身によって困難に立ち向かっています。

彼らの違いに関してボブは述べています。「私たちの違いが私たちの結婚を補っているようです。私たち二人の間で、どんな問題や状況も解決できます」。

間違いなく、二人はスピリチュアルへの彼らの傾倒が「私たちの関係の基盤である」と信じています。

ソウルメイトは異性同士の関係に限定されない！パムとクリスティンの女性同士のケース

当然ですが、親密なソウルメイトの関係は異性同士の関係に限定されません。パムとクリスティンは何十年もの間、関係を共有してきて、最終的に合法になった時に結婚しました。お互いが仕事で会った時、パムはクリスティンが階段を上って来るのを初めて見た時のことを思い出します。即座に惹かれました。すぐに彼女の頭の中に「彼女だ！」という考えがよぎりました。二人はその後すぐに交際を始めました。

交際の早い段階で、パムはクリスティンと公園にいる夢を見ました。突然、津波がどこからともなく発生して二人に向かって押し寄せて来ました。津波に襲われて、波が彼女たちに到達した瞬間、お互いが相手の手を掴みました。水が引いた時、二人はまだ同じ姿勢で向かい合って手を握っていたのです。結局その夢は予知夢であることが分かりました。二人が初めて一緒に休暇に出かけた週末に、クリスティンの父親が何の兆候もなく突然亡くなったと連絡がありました。心臓発作でした。二人は休暇をすぐに切り上げ、パムはクリスティンと彼女の母親のもとへ駆けつけました。後年、パムは「あの夢は私たちの深い結びつきを象徴していました。そしてそれは手をつないで握りしめるという単純な行為で示されたのでした」と付け加えました。

初めてデートしてから数か月経って、パムとクリスティンは一緒に住み始めました。二人は深い結びつきと気の置けないコミュニケーションを楽しみました。彼女たちはしばしば二人はこうなる「運命」だったとよく言いました。その現実にもかかわらず、パムは常にクリスティンを失う恐怖にさいなまれていました。ある夜彼女は夢から目が覚めて混乱したようになりました‥

私は真夜中に目が覚めて、誰が私のそばに寝ているのかしらと疑問に思いました。

すぐにある情景が頭に浮かびました。「……大丈夫、私はAです」。私はその人は男性で「彼」の名前は「A」で始まると感じました。南北戦争の兵士（北軍）のイメージがありました。そして私たちは、多分兄弟として、一緒に戦ったような感じがしました。突然私は、「彼」が南北戦争で私の死の15年前に亡くなったと知り、「何故私を残して先立ってしまったの、ひどいわ」と憤りに近い虚しさを感じました。

ふと我に返り、パムは自分の隣に寝ているのはクリスティンだと気がつきました。しかし、その体験は、二人の結びつきの強さとパムのクリスティンを失うかもしれないというわれのない不安の表れでした。

パムは南北戦争で兄弟として共に戦ったという体験を感じたことに加えて、彼女たちの結びつきをとても強く感じていたので、二人は過去世では双子だったのではないかと信じています。しかし、その強い絆の感情は結果的に彼女たちのそれぞれの個性をやや抑制することにつながりました。なぜならどちらも相手よりそれほど違うことを望んではいなかったからでした。パムとクリスティンに起こった一番大きな課題は彼女たちの父親の死とパムが他の女性に関心を持ったことでした。どちらも二人の関係を諦めたくなかったのでそれらの困難に対応しました。二人はまた、お互いから多くを学びました。パムによれば：

私はクリスティンから忍耐、粘り強さ、そして誠実さについて多くを学びました。私は生活が不安定で日常生活に不満を持つ傾向がありますが、クリスティンは人生に上手く対処して、すぐに喜びを見つけます。私は飽きっぽい性格ですが、彼女は深く探求します。私が彼女に教えたことは、もし物事をありのままに任せるなら、人生で絶好の予想外の瞬間があるということだと思います。私はまた彼女に人を大目に見ることは彼らそして彼女を成長させて変化させるということも教えました。

クリスティンは次のように言います：

私はパムの冒険心と、鋭い洞察力と感性に基づく異なった視点からの状況分析に刺激されて、個人的に大いに成長しました。パムは新しいことを試してみるのが好きです――新しいものを追い求めるのは短期間に過ぎないかもしれませんが。一方私は自分が「プロ」になるまで何かを続ける傾向があり、それによって私は多くの時間を奪われてしまいます。この点において、私たちは、成長とともに、二人のエネルギーを合わせることで、お互いのバランスを取れるようになるのだと思います。私たちはそれぞれもう少し相手の違ったところを吸収しようと思っています。私たちが相手に与えなければならない最大のギフトは不変性です。どんな変化が（私たちの関係においても）起きようとも、私たちは一緒に「しっかりと立って」お互いをサポートするのです。

その出会いは音楽だが天文学的に小さな確率！ジョンとペギーのケース！

ケイシーのアーカイブスからの別の例は、音楽への共通の趣味を通して大学で会ったジョンとペギー・カールソンの例です。ジョンは中国でキリスト教宣教師の家庭で生まれました。そしてペギーはミシガン州の小さな町で育ちました。このようなきっかけで一緒になる確率は天文学的に小さいと思えるかもしれません。それにもかかわらず、二人は出会ったのでした。

ジョンがまだ少年の時に、彼の両親は中国での布教活動を終えて合衆国へ戻ってきたので、ジョンも結果的にマサチューセッツの大学へ進学し、宗教を専攻しました。ある時彼はマサチューセッツの大学から休みを取って、1年間ウィスコンシンにあるノースランド・カレッジへ行くことにしました。同じ頃、ペギーは素晴らしいピアニストで小さな短大の学生でした。ある夜、ノースランドから聖歌隊の指揮者がコンサートのために彼女の短大に来ましたが、演奏者が現れなかったため、ペギーに白羽の矢が立ったのです。彼女の演奏が素晴らしかったので、その聖歌隊の指揮者はノースランドに戻った後、彼女に是非ノースランドに来て欲しいと懇請しました。結局、彼女はノースランドに転校して、新入生を扱う仕事をする事務局での仕事も得ました。彼女はジョンを初めて見たのは写真だったことを覚えています：

私はオフィスで働いていました。そして新入生のフォルダーをパラパラとめくっていました。私は手を止めてジョンの写真を見たのを覚えています。私はジョンの写真を見てすぐに、私は彼と結婚するのが分かりました。私はそれを知っていました。私はジョンのことを知らなかったので、彼を愛してはいませんでした。でも、どういうわけか、私は彼が結婚相手だと分かったのです。

それから時を置かずして、二人は個人的に会いました。そしてその時二人は聖歌隊で一緒になる機会がありました。実際、ペギーはジョンとかなり一緒に練習しなければなりませんでした。そして彼に彼のパートを教えました。その日から、音楽が彼らの人生の重要な部分になりました。その後すぐに、彼らは結婚しました。結婚に先立って、ジョンの母親はペギーに言わなければなりませんでした。「もしあなたがジョンと結婚するなら、あなたは楽な人生を送れないでしょう。でも決して退屈にはならないでしょう」と。彼女の発言は結局本当になりました。

ジョンの母親は、布教活動の後、作家になってメソジスト派の出版物にケイシーの伝記『*There Is a River*』(『永遠のエドガー・ケイシー』)の書評を書きました。結果としてジョンとペギーはエドガー・ケイシーの仕事に関わることになり、彼ら自身のライフ・リーディングを受けました。リーディングは、二人は前世で何回もお互いを知っていたということを確認しました。

ジョンは素晴らしい歌声と話し声を持っていました。彼のリーディングは彼にその両方の才能を伸ばしてスピリチュアルな探求へ向けるように勧めました。リーディングによれば、過去世でかつて彼はみだらな目的のために音楽を使っていたのでした。そして注意しないと、現世でも同じ誘惑に負けるかもしれないとのことでした。ケイシーは彼の現在の人生での目的は、彼がラオディケアでの初期の教会時代に始めたことを完成することでした。どうやら、ジョンは初期教会が弱体化する恐れのあった混乱の時期にその場にいたのでした。しかも、その間ずっと、彼は何とか自分の信仰を維持したのでした。その確信の強さが現在も彼に残っていたのでした。

彼のラオディケアでの人生の前にジョンはモーゼの後継者ヨシュアの部下でした。当時から彼は法律に深い造詣を持ち、精神的なことに対しても深い敬意を抱いていました。しかしながら同時に彼は法律の精神より法律の文言を杓子定規に適用する傾向がありました。苛立った時には、感情が爆発して軽率な判断もしがちでした。ケイシーは彼に感情をコントロールするようアドバイスをしたほどです。

エジプトでは、彼は神殿で音楽、時にはハープやシンバルのような楽器を使って、教会の活動に熱心でした。しかしながらその人生では、彼の音楽を他人への奉仕として使う代わりに、身体を興奮させる手段として使って、エジプトでの「歓楽街」に入りびたりました。彼の音楽への愛に関して、ケイシーは彼に「エジプトでの日々でしたように音楽に誘惑されてはならない……」(3188―1)と言い渡しました。現在、音楽は彼がスピリチュアルの探求をするための趣味になるべきでした。

ペギーもまたラオディケアでの初期教会の維持を一緒に助けました。その当時、彼女は他の人たちを鼓舞するために讃美歌を歌っていました。現在では、彼女は家庭に調和を保ち維持するために、その音楽の才能を使う必要があると言われました。ジョンとの関係に関しては、「というのは、あなたは彼の行動について、彼をちゃんとさせるのに苦労する！」（5070－1）と忠告されました。

ヨシュアの時代に、ペギーはエリコの町を陥落させるために送り込まれた斥候を匿ったラハブの姉妹の一人だったのでした。ヨシュアと彼の部下たちは彼女の親切の見返りに彼女と彼女の親族を助けました。その後、彼女はヨシュアの部族に受け入れられて、神、エホバの素晴らしさを知るようになりました。それ以前の古代エジプトの人生で、ペギーは神殿の一つで働いて、妊婦の世話をしていました。

彼女のいくつかの過去世が原因で、ペギーは現在自尊心と自信を持つことにとても苦労していました。リーディングは彼女にあまり自意識過剰にならずに取り組むように忠告しました。彼女のライフワークの主な目的の一つは「家庭」を作ること、そして子どもたちを育てるための環境を提供することでした。彼女は、夫のスピリチュアルの仕事に彼女の音楽への愛を結びつけるように言われました。そのことは、彼女がダンス・ホールで目的もなく音楽を演奏していた人生を克服する手段の一つでもあったのです。彼女が過去から音楽に関する問題を引きずっていたので、リーディングの中でケイシーはある質問に即座に反応しました。彼女が、ある大学について、彼女の音楽の学位を取得するには最高の場所かどうかを尋ねた時、「そこが家庭を築く方法を学ぶのに良い場所なら、行きなさい。もし人を楽しませる方法を学ぶのに良い場所なら、やめておきなさい」と指摘され、リーディングの間何度も、彼女は夫をきちんとさせるという課題を抱えているということも注意されました。

ジョンとペギーは結婚して5人の子どもをもうけました。最初から二人の子育てのスタイルには大きな差がありました。ジョンはとても厳しいしつけで育てられていました。子どもの時、ジョンは過密なスケジュールに加えやるべきことのリストも与えられていました。その結果、彼は自分自身、彼の妻、そして子どもたちに同じようにリストを作る必要性を感じていました。ペギーはかつて友人に「リストにはもううんざりしているわ」とこぼしていました。彼はまたとても厳格で、時にはすぐに激しく怒りました。逆に、ペギーはおおらかで子どものしつけに関してはもっと柔軟でした。子どもたちが小さな時、彼女は彼らをジョンの感情の爆発から守る必要がありました。長年にわたって、ジョンは穏やかになることを学ばなければなりませんでした。そしてペギーは物事を計画的に行うことの重要性について学びました。

そのうち、ジョンは大学院の学位を取得して優秀な教授、作家、牧師カウンセラー、そして心理療法士になりました。彼はまた優れた演説家で、ゆくゆくは世界中の聴衆を元気づけることになったのでした。彼は多才でしたが、ケイシーが予言したように、ペギーは幾つかの面で彼を「きちんとさせる」ために苦労することがよくありました。

ニューヨーク州に住んでいた間、ジョンは美しい大学のキャンパスで教えていました。ペギーは一緒に過ごしたその時を彼女の最高の時期だと思っていました。彼女と子どもたちは幸せでした。そしてジョンは数年連続で大学のベスト・ティーチャーに選ばれました。学部長はジョンの若い人たちを鼓舞する才能を評価して、彼が新入生クラスを受け持つことを望んでいました。しかしながらジョンはもっと本格的な大学院生を受け持つことを望んでいました。ジョンは歩み寄りを求めて交渉することなく、ある日突然、その大学を辞めてしまいました。ペギーは大学、自分の家、そして自分のコミュニティを去ることに精神的ショックを受けましたが、ジョンは説得に応じませんでした。

後に、ジョンが別の大学で教鞭を取るようになり、ペギーと子どもたちがそこで腰を落ち着けた生活をして幸せになった頃、ジョンは前と同様突然にそこを去る決意をしました。彼は大学生向けの本を出版したいと思っていましたが、大学の事務局は彼に学部を増強することと、カリキュラムを充実させることを望んでいました。彼は再び、歩み寄る努力をしませんでした。ペギーはかつて「私はジョンに畏敬の念を抱いていました。彼が何を言っても、私はそれが真実だと思いました。まるでゴスペルを聴いているように彼の言葉を疑いませんでした。私は彼を疑うことはほとんどありませんでした」と言っています。

2回の出来事について、ジョンは自分の仕事にそれほど満足していませんでした。個人的な関係に関しては、両方のケースでジョンは別の女性に興味を持っていました。最初、ペギーはそれを知って精神的に落ち込んで泣くことしかできませんでした。しかしながら、初めてそういうことが起きた時、別の男性がペギーに興味を示しました。そして彼女は夫に「もしあなたが彼女を望んでいるのなら、そうしたらいいわ。私は自分で別の関係を探します」と言ったのでした。ジョンは別の女性に会うという考えをその日のうちに捨てました。数年後、2回目に別の女性と関係ができた時、ペギーは夫に「私たちの結婚は終わりました。私は彼女にあなたを差し上げます」と言いました。またもや、ジョンはその関係についての考えを捨てました。ペギーは、かつて、これらの二つの出来事は彼女の人生で起きたどんなことよりも、彼女に自尊心と自信を持たせる助けになったと話したことがあります。ジョンは、誘惑に負けたにもかかわらず、ペギーのいない人生を想像することができませんでした。

年月が過ぎて、ジョンは頻繁に旅行をするようになりました。そして彼はいつもペギーが一緒にいることを望んでいました。ついには、他の人たちは、二人は切り離せないほど仲がいいと思いました。ますます頻繁に、彼はペギーに自分の考えを説明して彼女と共有しました。彼女は後年「彼との会話や意見交換に退屈していると感じたことは決してありませんでした」と回顧しています。

1970年代にはジョンとペギーは、スピリチュアルと宗教教育に関心を持っている教会、牧師、個人を支援するために非営利の小さな学術センターを共同設立しました。ペギーによれば、彼女とジョンは「夫と妻はチームになって、何か一緒にやるべきだ。子育てや一緒に暮らすこと以上の何か――二人が一緒にできる何らかの奉仕――があるはずだ」という確信を持つようになりました。その一体感は彼らの音楽への情熱にも広がりました。そして彼らの生涯を通して音楽は二人が参加した聖歌隊、教会、そして教育のプログラムで重要な役割を果たしました。

やがて、ジョンとペギーは二人の関係はとても重要で、神のもとでの「契約」であると思い始めました。そしてその契約条項によると、二人がお互いに教えるべきことは山ほどあるのです。ペギーによれば‥

私は若いカップルに、あなた方は偶然で出会ったのではないと気づかせたいのです。パートナーになることについて難しい側面の一つは、あなた方はしばしばあなたとは違った人を引き寄せるということです。始めは、あなたはその人があなたを無視している、あるいはあなたのことを気にかけていないという印象を持ちます。なぜならその人はあなたと同じものを好きではないからです。しかし、その違いを尊重することを学びなさい。その違いに感謝しなさい。相手から教えてもらえるようにしなさい。そしてパートナーを持つことは何という素晴らしい贈り物なのかを忘れないでください。

二人が一緒に暮らした後に、ペギーは50年以上にわたる結婚について振り返って言いました。「私はとても祝福されていました」‥

ジョンから、意識するとはどういうことなのかを学びました。私はこの瞬間に焦点を当てて生きます。私は人生が私に手渡すものを受け取って、私ができることを返します。私の人生の最初の半分は設定されたように生きていました。ジョンは私に意識し続ける方法を教えてくれました。彼は私が意識を大切にするのを助けてくれました。私は感情と宗教体験を大切にしました。私は周りにいる人々の温かさや今起きている物事に囲まれて生きることができました。彼のおかげで、自分の人生を作る上で私たちは多くのインプットを持っていることを理解することができました。彼は私から緩やかに流れる方法を学びました。信頼する方法、人間関係を信頼する方法、神がお金の帳尻をあわせてくれることを信頼する方法を学びました。彼は「明日は食べられないかもしれないので、今日満腹にするのがいい」といったうつ病的な考え方をいつも持っていました。彼は、中古品が最高のものだと思っていました。

ジョンが死の床に臥した時、彼はベッドから妻を見上げました。そして手を伸ばして彼女の手を取りました。そして「ペギー、僕は死ぬのは怖くない。しかし僕は君と離れたくない。僕は君を失いたくない」と言いました。

ペギーはただ彼に微笑んで言いました。「ねぇ、あなたは中国で生まれて私はミシガンの田舎で生まれたわ。どうしたことか、私たちはお互いを見つけたわ。心配しないで、私たちはまた会えるわ」。

Part 3

魂を成長させ、磨き合う！
ダイナミックな
家族関係における
ソウルメイト・リーディング

人生のあらゆる場面は万華鏡の瞬間的映像のようです。その中にある魂のグループは興味深い人間関係を形作る、輝く色のガラスの破片のようです。そして万華鏡が振られ……手首を軽く動かすと新しいデザインの新しい組み合わせができます。こういうことがたびたび、何度も何度も、いつも違う映像で……いつも重要で、そしてそこにはいつもダイナミックで目的のある意志があります……

ジナ・サーミナラ博士　『*Many lives, Many Loves*』

1930年に17歳のウェンディは、痛みを伴う症状があったので、両親にケイシーの病院へ連れて来られました（275－1）。医者はその問題を片方の足の大腿骨頭のただれ、つまり股関節のガンで、治療不能と診断しました。リーディングのアドバイスに従って、最終的にウェンディはガンを克服して80歳まで生きました。この事例で、ソウルメイトの関係で興味深いことは、リーディングによってウェンディの近親者の8人が、何千年もの間さまざまな関係でどのように再会してきたかが明らかになったことです。

家族・親戚のメンバーは何世代にも及ぶ過去世のつながりによって引き寄せられていた！

どうやら、家族のメンバーは古代エジプト、ペルシャ、ギリシャ、ローマ、ドイツ、そして初期アメリカを含む一連の人生で付き合いがあったようでした。文字通り何百ページにも及ぶリーディングと関係書類が、彼らの人生、彼らの間にあるつながり、いろいろな親戚の過去世でのつながり、について詳しく説明しています。

その家族のソウルメイトの関係を論じている時、ケイシーは現在の家族のほとんどはローマで一緒だったと述べました。その時期、初期キリスト教の宗派――12使徒のペトロによって始められた活動――に従う者もいれば、パウロの哲学に興味を持った者もいました。中には、キリスト教徒に対し、小規模の迫害を行った者もいました。そのすべての体験が、現在の家族の中で異なった魂の信念と個人の哲学の意見の対立に興味深い影響を及ぼしています。父親のフランツは彼のリーディングで、ローマ時代に「その実体は現在の家族の多くと関係していて、当時の彼らのつながり、彼らの支援、彼らの離別は、現世での彼ら全員の成長のために、必要だった」（378－12）と言われました。

現在ウェンディが骨のガンを患っているのは、どうやらローマ時代の人生に原因があるようでした。ネロの時代、彼女は競技場で行われたキリスト教徒の格闘と迫害を見て楽しんでいました。彼女がかつて笑いものにした肉体の苦しみや痛みを直に体験するために、ウェンディは魂レベルで股関節の状態を選択したのでした。彼女が、2000年も経って今頃なぜこの状態に遭うのかと尋ねたところ、ケイシーは、彼女は「それ以前ではできなかった」（275－25）ためだと言いました。その状況に会うための必要な条件が彼女の現在の人生で初めて整ったからでした。

その家族は、ローマ時代からの影響以外に、現在の彼らの感情、才能、そして意見に影響を及ぼしている多くの過去世での体験を持ち合わせています。それらの過去世での結びつきについての要約は次の通りです。

古代エジプトで、ウェンディと現在の姉妹のケイト［276］は神殿の一つで知り合いました。ケイトはエジプトの素晴らしさを学ぶために他の国から来ました。ウェンディはその寺院の指導者で、二人は親しい友人になりました。その時、二人には音楽の才能があり、彼女たちの音楽を聴いて最高潮に達することができました。ケイシーはウェンディとケイトに、二人は今でも音楽の才能を持っていると伝えました。そして彼はそれぞれ、ハープとフルートを演奏するように提案しました。時が過ぎるとともに、ケイシーの洞察が正しかったことが証明されました。二人の少女は有名な演奏家になり、そして1970年代でもまだ演奏していました。

またエジプト時代には、ウェンディの母親のロレーン［255］は、男性の仲間と「闘争的な」関係にあったのが分かりました。二人は一緒に働いていましたが、彼女たちは考え方の相違からしばしば対立していました。二人の魂がその体験に取り組めるように、現在ではその時の同僚男性は彼女の息子のベン［452］——母親とは全く異なる哲学的思想を持った保守的なルター派の牧師——として生まれ変わりました。ロレーンはベンのためにライフ・リーディングを受けることを望んでいましたが、彼はその考えは最低ものだと思って、生まれ変わりの可能性について考えることさえ拒絶しました。過去の彼らの体験によく似ていて、彼は母親の信仰や彼女の考え方のどちらにも興味がありませんでした。ついに、ロレーンはリーディングの中でケイシーに息子とどう対処するのが最善なのかを尋ねました。そして彼女は「愛情深く耐え、愛情深く接し、援助や助けが必要な時、必要になりそうな時は、いつでも与えられるように準備しておくこと」（255－12）と言われました。

結局のところ、ベンがひどいアレルギーと花粉症を患ったために、ロレーンは彼のためにフィジカル・リーディングを受けることを主張しました。他に何も治すすべがなかったので、ベンは渋々そうすることに同意しました。リーディングを受けた後、彼はその提案に従いました。驚いたことに彼は順調に回復したので、ケイシーのリーディングの他の考え方にも耳を傾けました。ついには、彼は自分自身のライフ・リーディングも頼みました。しばらくすると、ベンは母親の考え方についてワクワクするようになりました。そして二人は異なる視点に折り合いをつけました。ロレーンはすべてのことは「私をとても幸せにしました。忍耐は報われました。彼を納得させるために2年しかかかりませんでした」と手紙に書きました。

リーディングは夫のフランツとロレーンは以前にも結婚していたと示唆しました。現在彼が家族の長であったのと同じように、彼もまた古代エジプトで、家族のほとんどすべてのメンバーを養いました。現世では彼は、大変裕福で成功を収めた事業家ですが、自身の成長と発展のために、彼はドイツでの人生で作った状況に対処する必要がありました。その当時、彼は彼自身の疑い、恐れ、そして失望のために魂の挫折を味わっていたようでした。彼はその体験で最終的に人生を諦めて命を絶つようなどん底の状態になってしまいました。その同じ過去世の感情と恐怖が繰り返されるので、どうにかして現在においてそれらに取り組んで克服しなければならなかったのです。

フランツは、一旦、経済的に成功しましたが、大恐慌の際に彼が所有していた現金何百万ドルを含むほとんどすべての財産を失いました。結果として彼はすべての望みを失って自殺さえ考えました。他に何をすべきか分からずに、5か月間フランツは家族と友人たちから姿を消して国中をさまよい歩きました。彼がどこにいるのか、何をしているのか誰も知りませんでした。その期間、過去に彼が助けた人たちは祈り、希望、継続的な愛で彼を助けなければなりませんでした。フランツが結果として家へ帰ったのは、彼自身が内省し、彼の家族が多くの祈りを捧げ心配をした後でした。彼は戻ると、エドガー・ケイシーに手紙を書きました：

ほんの5か月前は私の状況はとても絶望的で事態はめちゃくちゃにもつれているように見えたので、私は解決法が分かりませんでした。今では「多くはリーディングの」おかげで……そして私の素晴らしい妻の理解と愛情のおかげで、すべては完全に変わりつつあります。厳正な祈りをすることで、いかに神が私の新しい幸せなキャリアのために栄光に満ちた素晴らしい計画を開いてくださっているのかを見ることは奇跡のようです。ほとんど毎日、新しい進展によって私たちは幸せな家庭を築くという最終的なゴールに近づいています。そしてそこで私は仕事に積極的に取り組むことができ、そして正しい考えへと導かれることによって吸収してきた法則を適用しますよう。……もし私が今日知っていることを過去に知っていたなら、すべては違っていたでしょう。私は愚者の天国に住んでいました。そして私の魂を浄めるためにこの衝撃的な出来事が必要だったのでした……。

378－50　レポートファイル

どうやら、フランツは教訓を学んだようでした。そしてその過程で成長しました。ウェンディの骨のガンの状況、そしてロレーンとベンのお互いに対する敵対的な感情も同じでした。他の家族のメンバーは彼ら自身のやっかいな人間関係と状況を体験しました。そのすべてが彼らに、究極的には、魂の成長において学ぶ必要のある教訓を与えました。

ケイシーが示唆したように、家族全員はある目的の体験をするために引き寄せられたのでした。お互いが一緒にいることで、それぞれはその過程で、進化するため、成長するため、より良い人間なるための機会を与えられたのです。

ケイシーのリーディングによれば、地球での生まれ変わりの最中に、魂は把握したすべてのことを精査し、個人の継続的な成功と発展のために学ぶ必要のあることすべてを調べます。ひとたびこの進化のプロセスが完成して、その個人が魂の学びのスケジュールに関して、どの教訓が次に達成されるべきかを決定すると、魂は体験に必要なベストの機会を提供してくれる適切なタイミングと場所を待ちます。魂は前に関係のあった人たちを選択します。そしてすぐに現在の家族の集団が作られます。それぞれの魂が個人の成長と魂の発展における教訓を達成した時、個人の完全性が達成されます。

親子・家族は深い愛情と困難の両方の因縁によって引き寄せられて出会う！

16歳の少女が「どうして私はこの転生で現在の両親を選んだのですか？」と尋ねた時、

彼女は「あなた自身の啓蒙のため、そしてあなたの両親の理解のため」（2632－1）と告げられました。別の例では、ケイシーは14歳の少女に彼女は数多くの時期に自分の両親と付き合いがあったと言いました‥

そして、実体がこの環境、この家庭に来たのは偶然ではありません。この家庭や環境が、個人の意識の成長に必要な覚醒をもたらしてくれる可能性を秘めているからなのです。

このようにして、実体にはこの家庭や環境を選ぶ必然性がもたらされます。そして実体に関係のある人たちにも義務——実体の目的を達成するのを助けるために必要なものを保ち続けること——が課されるのです。

彼女が「何の目的のために私は現在の両親のもとに来たのですか」と尋ねた時、彼女は「あなたは両親の体験から得るものがあるかもしれないし、あなたが彼らの問題を助けるのかもしれません」と言われました。

15歳の少年がなぜ自分はこの時期の地球に来ることを選んだのか？　そしてなぜ彼の家

族を選んだのか？　を尋ねた時に、彼の家族が彼自身をもっと発掘するために必要な環境を与えるからだとリーディングは答えました。現在彼の父親は船長で、母親はとても愛情深く育ててくれました。ともかく、その環境は最終的に彼がリーダーシップという生まれつきの才能を通して、他者へ奉仕する準備をさせるのでした‥

彼らが実体の助けになるかもしれないように、実体は彼らへの助けになるかもしれない。お互いに補い合うのです。今回地上に来たのは、多くの人たちが必要としているものを実体が与えるという目的のためです。自己表現の機会、他者を援助するための機会が実体の前にあります。

９８４―１

その後のレポート［９８４］は彼が本当に生まれながらのリーダーだったことを示しています。彼は陸軍で将校の訓練を受けて大尉になりました。退役してから彼は、メリーランドの港湾管理局での港湾技師などの指導的役割も果たしました。

33歳のアーティストが彼女の双子の妹について尋ねた時、彼女たちはすべての魂レベルでお互いに独特のつながりを築いてきたと言われました。実際、とても二人は仲が良く、彼女たちの過去世のほとんどすべてにおいて互いに「とても親しい関係」を共有していたのでした。（1789−7）彼女は勉強して芸術家になったのですが、生来とても繊細で感情的な人だと言われました。彼女の直近の過去世では、彼女が魔女であると思われたために、水責めされた霊能力者だったのでした。そのエピソードから、彼女は彼女を攻撃した人たちに「仕返し」をしたくなる気質や傾向がありました。彼女はフランスでの人生でルーベンスの作品について学ぶ学生でした——その期間に彼女は絵の才能を習得しました。ペルシャでは彼女は彫刻家で、スピリチュアル的なことについての強い関心を深めました。古代エジプトでの人生では彼女は神殿や宮殿の装飾係でした。これらのそれぞれの体験を通して、彼女の双子の妹はさまざまな関係で彼女と付き合ってきました。ソウルメイトと呼ぼうが魂の仲間と呼ぼうが、二人のつながりは年月をかけて、あらゆる種類の関係として現れます。体験する人間関係の形は変化するかもしれませんが、関係がつながっていることに変わりはありません（ポジティブにもネガティブにも）。

父親にとても親近感を感じていた64歳の女性が彼女の父親とのつながりについて尋ねました。ケイシーはペルシャ時代に彼は彼女を育てた叔父だったと言いました。パレスチナでは、彼は彼女の友人の父親でしたが、結局彼女はその家族と一緒に暮らすことになりました。そして直前の生涯である、初期のジョージア入植の頃は、彼はとても親しい仲間でした。（3356－1）

別の事例では、11歳の少女はパレスチナでかつてスパイだったと言われました。そこで、現在の彼女の父親の過去世にあたる男性の活動を「調査」しなければならない局面がたびたびありました。また、その男性も彼女がスパイであることに気づいていました。二人は現世では仲の良い親子関係にありますが、過去世での関係があるため、お互いの行動について、腹の底からは信用できないと思うことがよくあるのです。（2572－1）

ケイシーの考えによれば、家族の関係は深い愛情と困難の両方の過去の関係に基づいて引き寄せられます。

家族とは魂自身の成長と他者を助ける能力獲得のためのカリキュラムの〝場〟として存在する！

結局のところは、現世の家庭生活の状況はすべての個人に魂のレベルでもう少し完全になるための機会を与えるために生じるのです。多くのケイシーのリーディングで証明されているように、カップルの妻が子どもを妊娠している時、さまざまな魂はそのカップルを親とする場合どのようになるかの見通しを立て、そしてカップルがどのような体験を与えてくれるのか検討するのです。その家族環境が外の世界からどれほど素晴らしく、あるいはどれほど厳しく見えるかに関係なく、その家族に入る選択は、その状況が魂自身の成長と他者を助ける能力獲得のために必要なカリキュラムを与えてくれる可能性がある場合にだけ、魂のレベルで行われます。つまり、リーディングは私たちが自分の両親を選択していることをはっきり示しています。

魂が意図的に害を及ぼしたり、虐待をしたりする家族関係を選択するという考えは一部の人には理解できません。しかしながら、魂はその状況自体の具体的なことより、その状況から生まれるかもしれない可能性に一番関心があるのです。例えば、とても共感力があって生まれながらのカウンセラーの才能のある魂はその状況を体験（そして克服）するために虐待する両親の元に生まれる選択をするかもしれません。結局、その魂は大人になって他者がその同じ状況に対処するのを助けるための知識を十分に身につけているでしょう。私たちは、魂のレベルで、今この時に地上に来た目的を学んで果たすのに最適な人生の選択をします。しかしながら、その教訓が学べるかどうかは、依然として自由意志の問題です。

過去世で破壊者となったマッティと破壊されてきたアンジェラの現世での出会いの意味とは?!

ケイシーのアーカイブスからの例として、37歳の女性のマッティはライフ・リーディングを受けました。彼女には多くの魂の資質がありましたが、彼女の過去の体験で、意図的に他人のアンジェラを利用して、その過程で彼女の人生をほとんど破壊していました。そのような前世があるため、アンジェラはマッティに対して大変な怒りと恨みを抱きました――多分、彼女はその困難な体験が彼女自身の魂の成長のための機会を与えてくれたことに気がついてはいませんでしたが。この二人の女性がこの前世での状況に取り組むために、アンジェラは彼女の前世で彼女を利用したその同じ女性であるマッティのもとに盲目で精神的な障がいを持って生まれる決意をしました。母親として、マッティはかつて彼女が傷つけた魂に愛情をもって奉仕する方法を学ばなければなりませんでした。ケイシーは、現在の状況に取り組む難しさについて相談を受けた時、マッティに「自分自身を憐れむのではなく、あなた自身に会う機会、そして神の愛、神の許しが地上に現れるのを見る機会をあなたに与えてくれたことに対して神に感謝を捧げるのです」と言いました。（2796－1）ケイシーのファイルにある多くの人間関係の例で明らかなのは、魂のつながりにおいては、両者が取り組む必要がある何らかの怒り、敵意、そして憤りを伴うことが多いということです。

神経症の原因は敵意?!　フィジカル・リーディングの実例

36歳の女性は神経症などの症状についてのフィジカル・リーディングを受けました。リーディングは「彼女の問題のいくつかは、彼女自身の利己的な性格と、家族のさまざまなメンバーに対して彼女が持っている敵意と憎しみが原因である」と述べました。その敵意の源を見つけるリーディングがありませんでしたが、彼女と彼女の家族は間違いなく対立していました。ケイシーは、彼女に自分の人生から怒りを除去し始めるようにアドバイスしました。「というのは、覚えておいてください、私たちが自分の敵だった人たちや今も敵対する人たちの中にすら何かを愛することを学ばない限り、私たちは正しく考え始めていないのです」。彼の提案に気づいていないかのように、後に彼女は今も感じている苦しみについて次のように書いています：

人生については、私は自分が若くないこと、家族の中で最年長の子どもであることのためにうんざりしています。どうやら私はとても落ち込んでいて、若い女性として何もさせてもらえなかったようです。私は最年長で悪い見本だということを常に叩き込まれました。今は、私の家族が私を支配しているように感じるので、時には私は生きているのが嫌になります。生きる意味がないような気がします。私は家族に執着しすぎています。私は彼らをとても好きで、とても一生懸命にやってみますが、どうやら私は彼らに私を好きにさせることができないようです。家族だけであろうと誰かがいようと、いつも話を遮られ、いつも自分のせいにされました。私はいつも最悪を引き受けなければならない人間なのです。私は過去20年間同じ工場で働いています。そして同僚とは何のトラブルもありません。それなのに家ではとてもひどい目にあっています。

家族のメンバーとの魂のつながりは継続中の学びのプロセスである！

また別の事例では、34歳の主婦が「何の共通点も持たない」家族に生まれた理由を知りたいと思いました。ケイシーは言いました。「あなたはこの前の過去世で彼らとの共通点がなかったので、彼らと何の共通点も持たないのです。魂は前世で終わった状態のままで現世に出現するのです。法則とはそういうものです」。彼女が不幸な子ども時代を体験した理由を尋ねた時、「幸福は意識の問題です。幸福はあなた自身の中で見つけられます。あなたは自分自身も見つけていないし、この物質世界で現れる創造の力とのあなたの関係についても見つけていません」（2982－1）と言われました。

28歳の女性がエドガー・ケイシーに彼女の元夫と一緒に住んでいる幼い娘の親権を得ようとすることの可否を尋ねました。その女性は再婚していて、子どもにとって彼女と一緒に暮らすことは最善かどうかを知りたいと思ったのです。ケイシーは彼女に、直近の人生で彼女と娘は、姉妹でしたが、決して仲が良くなかったために今の状態が起きたのだと言いました。現在の体験は、彼女に娘との関係を保つため意識的に決断をさせるためのものでした。その状況についてケイシーは答えました「あなたはできる……やるかやらないかはあなた次第です」。（3573－1）

ケイシーのファイルから、家族のメンバーとの魂のつながりは継続中の学びのプロセスであることが明らかになりました。時にはその関係はとてもポジティブだったり、時にはその体験はネガティブだったりします。個人間の過去世の影響にはその両方の要素が含まれることがよくあります。例えば、父親［2385］は彼の若い息子［1990］に愛情と嫉妬の両方を感じているのが分かりました。少年が成長するにつれて二人の間の競争は激しくなって、彼らの関係は憎悪に近いものになることがよくありました。過去世のつながりは、二人が繰り返した父――息子の関係と同じように、彼らが仲の良い仲間だった生涯も含まれていました。どうやら、現在のライバル関係を作ったのは初期アメリカでの人生のようでした。その時代、少年は自分の妹――現在の母親――ととても仲がよったのでした。その当時、彼女はいかがわしくて価値がないと少年が思う人間――現在の彼の父親――と結婚していました。皮肉なことに、結局父親の現世の仕事で家族は過去世の競争意識が起こったまさしくその町へ行くことになりました。ファイルのレポートによれば、父親と息子の確執は最終的には癒やされました。

何年間も続いた憎悪の感情！ 過去世の記憶が夢の中に出てきたゲイルとラリー親子のケース！

現代の例ですが、ゲイルは息子のラリーが赤ちゃんの時とても親近感を感じていました。出産の間、彼女は分娩室の鏡を通して彼が生まれてくるのを見ました。多くの母親のように、彼女は「これまでの自分の人生でもっともわくわくして、充実した出来事だった」と感じました。しかし、ラリーが5、6歳になる頃までに、息子に対する彼女の気持ちは「自分は時には彼を好きじゃないだけではなく、本当に嫌いな時がある」という、もっと複雑なものになりました。この憎悪の感情は何年間も続きました。そしてゲイルは嫌になりました。その状況を癒やすために、彼女は祈りと許しを求め始めました。ついに、二人の過去世の記憶が夢の中に出てきました。その体験で、彼女は彼女の「憎しみ」は何だったのかを理解して、最終的に憎しみは解決されました。

ゲイルによれば、ラリーは「身の毛もよだつ」癖を持っていました。食事中、彼は自分の母親を見て、指をパチッと鳴らして、「これを持ってきて」とよく命令口調で言いました。その行為は彼女をとても怒らせましたが、気がつくとゲイルは立ち上がって、彼が要求したものを取って来ていました。これはラリーが18歳になるまで何年も続きました。その頃、ゲイルは、彼が砂漠の遊牧民で、彼女を捕虜として自分の町へ連れ去った夢を見ました。その夢の中で彼女はその遊牧民のハーレムに入れられて彼の「お気に入り」になりました。捕虜という境遇でしたが、ゲイルは彼を愛するようになりました。ただ、彼女は

「呼ばれると行かなければならないことをいつも腹立たしく思っていました」。ゲイルと息子は以前生まれ変わりをテーマとして話し合ったので、その後、彼女はラリーに夢で見たことを説明しました。その日以降、彼は彼女に命令するために指を鳴らす癖を止めました。そして二度と繰り返しませんでした。

彼女が台所で夕食を準備していて、ラリーがうろついて何か面倒を起こす時はいつでも、別の過去世の影響が彼女に降りかかるようでした。ゲイルが肉切り包丁を使っている時、ラリーが彼女をひどく怒らせるので、彼女は気がつくと「この包丁を使って頭の皮をはいでやりたい！」と言っていました。後に彼女は彼女の息子がモンゴルの戦場で彼女の頭の皮をはぐ夢を見ました。彼女は怒りがどこから来たのかを理解するとすぐに、その怒りから解放されました。

これらのネガティブな行動パターンが生じた過去世に加えて、ゲイルは、ラリーとは過去に、エジプトやアメリカンインディアンの生涯を含む多くのとてもポジティブな体験を共にしたことがあると確信しています。ゲイルがエジプトを旅行している時、彼女は息子と一緒にいたいという圧倒されるような感情を何度も体験しました。特に神殿で、息子を求めるゲイルの切望は「お腹を抱えてかがむほど彼を求める強い本能的反応」でした。

インディアンの生涯について言えば、ゲイルは子どもの頃乗馬が好きで、高校生になると自分専属の馬を所有していました。彼女の好きなことの一つは乗馬でした。彼女が結婚して子どもができた後は、彼女も子どもたちも馬に乗る機会がありませんでした。しかし、ラリーが大きくなった時に彼女は馬のいる牧場へ彼を連れて行きました。そこにいる間、ラリーは自分でロープを手に入れて、その敷地にいた野生の馬の後を追いました。しばらくしてから、彼がくつわ、鞍、ハミを付けないで馬の首の周りにロープだけを巻いて野生の馬に乗っているのに気がついて、みんな驚きました。彼は自分の太ももとふくらはぎの圧力を使って馬を誘導する方法――古くからあるインディアンの技術――を習得しているようでした。

そのうち、ゲイルは自分の気持ちを信頼して、あらゆることについて率直に息子と話すようになりました。今日では二人の間には無条件の愛と理解があります。ゲイルは「私たちは年をとるにつれて、お互いにより思いやりを持つようになり、あらゆる状況でより協力的になり、深く変わることのない愛でお互いにより感謝するようになりました」と言います。彼らは千マイル以上離れて暮らしているにもかかわらず、彼らの間には依然として頻繁なやりとりがあります。ゲイルがラリーにいつ電話をするべきか分かっているように、ラリーもいつゲイルに電話するべきかを分かっています。

実の子どもだけが両親を選択するのではありません。エドガー・ケイシーのリーディングは、養子も両親を選択する過程に積極的に関わっていることを明確にしています。人は肉体的にどこで誰のもとに生まれるかにかかわらず、どうやら人は魂レベルで、どこで、人生を終えるかを調整する能力を持っているようです。そしてそれによって、必要とされる教訓を学ぶ機会を得ているのです。

生みの親と育ての親、養子縁組における魂のからみ合いとは⁉

10か月の少年の養父母は、その養子における過去世からの最も影響ある生涯の一つはエジプトでの法学者だったと言われました。その時期、彼は養親と親密な付き合いがありました。3人はペルシャでも一緒でした。エジプトでの生涯では、その少年はまた、同じ家庭に養子になった、現在の兄と友人でした。リーディングは、その二人の少年は現在においても兄弟になることを意図的に選択し、お互いの強さから学んで、より良い人になろうとしたのだと言いました。(3346―1)

49歳の女性が、パレスチナでの過去世でも彼女の養子の世話をしていたと言われました。その少年はその体験をもとに彼女の所へ来ました。そして彼らは現在一緒に「よく似た目的」を持つようになりました。（２７８７－１）別の例では、三歳の少年の養父母は、彼らの養子は意図的に養父母を選んだと言われました。その養子は、生まれた時点で、自分の「実父母」が自分を手放すことを既に知っていたとのことです。養父母は、相互利益になる環境を提供できること、彼らは全員以前一緒だったことからその息子を家族に招き入れたのでした。（３３４０－１）

ある時、家族のメンバーが彼らの成長した娘に養女であることを告げてもいいかどうかについて尋ねました。ケイシーは、娘の魂が今でも家族と深くつながっているという感情が明確である限り、告げることができると答えました。ケイシーは、生みの親は魂レベルでのみ自分たちの子どもを選択するけれど、養父母は肉体レベルと魂レベルの両方の選択をすると付け加えました。リーディングは、「母親、父親は魂のレベル以外で生まれる子どもを選ぶことはない。養子縁組ではその選択は魂のレベルでも肉体のレベルでも行われる」と言います。（３６７３－１）

29歳の男性は、自分がとても小さい時に両親から養子に出された理由を知りたいと思いました。彼は、この体験を通して必要とされる状況を彼に与えるために魂レベルで選択が

行われた、と言われました。(23011)

従妹から姉妹となったドッティとキャロル ソウルメイト50年間のケース

家族としての魂の仲間の現代の例として、ドッティとキャロルの二人の女性の50年間の「姉妹」としての関係があります。実際は、ドッティが8歳になる前に彼女の両親が亡くなったので、一緒に暮らすようになった従妹同士です。ドッティは叔母(彼女の母親の妹)と暮らすようになりました。その時叔母さんには小さな娘、4歳のキャロルがいました。キャロルによれば、「私たちは従妹だったけど、自分たちは姉妹だと思っていました。そして家族もみんなそう思っていました。私たちは、同じ考え方、夢、恐れ、服、そして笑いを50年以上も共有しました」。

始めは、ドッティにとって叔母さんの家族と暮らすことは、ある意味、両親を亡くしたことと同じくらいトラウマになるような体験でした。彼女は友達や残りの家族をバージニアに残して、フロリダにある叔母さんと叔父さんの家に引っ越さなければなりませんでした。案の定、ドッティは不安で心配でした。一方、キャロルはワクワクしていました。

「私はお姉さんを持つのがうれしいわ。誰かと私の部屋を一緒に使うのがうれしいわ」と。年の違い、そして顔立ち、性格、好きな物や嫌いな物の違いにもかかわらず、二人の少女はすぐに友達になってお互いが一緒にいるのをとても楽しく思いました。少しすると、まるでドッティはその家族の一員だったように感じました。そして彼女は本当にそこが居るべき場所のように感じたのでした。キャロルには弟がいましたが、彼女はいつもドッティと一番仲が良いと思っていました。

大きくなってからも、二人の間の対立はとてもまれなことで、説明できない絆がありました。10代の頃、彼女たちは友人から、他の家族のメンバーから、両親からお互いを守りました。たとえそうしない方が楽だったとしても。その結果、たびたび二人の少女は一人がやって、もう一人がやってないことのために外出禁止になったりしたのでした。彼女たちはお互いにいたずらをしてそのことで笑ったものでした。キャロルは覚えています、「私は学校へ来ていく服を広げて用意して、バスルームへ行った隙に、ドッティは早いバスに乗るので、私が自分のために広げておいた服を着て学校へ行ってしまっていました」。

過去のつながりに関して、キャロルは、彼女とドッティがドミニカ共和国の淡緑色の海を見下ろす丘の上のパステル色の家に住んでいるような夢をよく見ました。現在は、二人は南国での過去世を共有していたと確信しています。現在は白人ですが、二人が一緒だった時、二人とも美しい浅黒い肌だったと信じています。今でも、彼女たちはカリプソ音楽、ハリー・ベラフォンテ、そしてトロピカル・フードが大好きです。ドッティは明るい色そして宝石が好きです。二人はジャマイカ人やドミニカ人が「故郷」の生活について語る話にも惹かれました。

現世での大きな悲劇が二人に大きな影響を与えることになりました。キャロルの父親が49歳で自殺したのです。キャロルによれば‥

父の死は私たち二人のトラウマになりました。私たちは彼ととても仲が良かったのです。彼は私たちをあらゆる活動へ連れて行き、私たちのデートがどうなったのかを聞き、寝ないで私たちが家に帰るのを待っていてくれました。彼は本当に私たちの話を聞いてくれました。彼は躾けに厳しい人でしたが、たとえ会話しかしていなくても、彼はいつも私たちのために傍にいてくれました……私たちは今でも彼がいなくてとても寂しいのです。

彼の死は二人の少女をショック状態へ陥らせました。それを彼らは一緒に向き合うこと——話すこと、感情を共有すること、そしてお互いに言いたかったことや、したかったことのすべてを話すこと――で乗り越えました。今は、大人になって地理的には離れているのですが、二人は同じ方法――「一緒に」――で困難に対処し続けています。お互いへの相互の理解とつながりが、二人の女性が人生の最も過酷な時期を乗り切ることを助けました。彼女たちによれば、「多くの場合私たちはお互いに電話しなければならないと分かるのでした。私たちは特に大変な時期には、電話会社『Ma Bell』社の大得意先だとよく言ったものでした」。ドッティはフロリダのキャロルの家族と暮らすために、バージニアから移って来ましたが、皮肉にもこの40年間はキャロルはバージニアに住んでドッティはフロリダにいたままです。

それぞれが相手に教えたことは、共感と無条件の友情です。忙しい生活にもかかわらず、彼女たちにはいつもお互いのための時間、お互いの話を聞くための時間、シェアするための時間、相手のためにそこにいるだけの時間があります。キャロルは言います‥

私たちの関係が私たちを支えています。今は何マイルも離れていますが、私たちは週に少なくとも一度（普通は二度）は話します。私たちいつも困った時には傍にいるのです。ドッティは確かめたいこと、私に話したいことを思い出すための小さなリストを作っています。現在私たちの大きな問題は、お互いに近くにいることができるようにいつ、どこで引退できるかです……。

私たちの関係は長年にわたって成長してきましたが、いろんな意味で、本質は同じです。私たちの人生では、二人が子育てに忙しく今ほどよく連絡をしない時期がありましたが、互いに緊密であるという感情がいつもありました。私たちのどちらにも、これほど親密でお互いを知り尽くしているという感覚を持つような人間関係は他にはありません。それは本当に、まるで大昔からずっとお互いを知っているような感じなのです。

Part 4

時空を超えて魂を動かす力！愛に結ばれた友人関係におけるソウルメイト・リーディング

偶然はありません。友情は過去の目的、理想の更新にすぎません。というのは、牧師が言うように、「太陽の下では新しいものは何もない……」最近のりんごも最初に創られたりんごの一部ではないですか？

エドガー・ケイシー　リーディング #2946－2

幼馴染ティナとロレーンの時間と空間を超えて魂を動かした愛の絆の物語

幼馴染のロレーンのことを思い出しながら、ティナは言います。「彼女が私の親友であるのは間違いありません。彼女は初めて、一緒にいてくつろげる人でした。私はとても恥ずかしがりで、彼女はもっと社交的でした」。二人は6年生で半マイル離れた所に住んでいました。学校では会ったことがありましたが、二人とも6年生の終わりの週まで近所に住んでいることを知りませんでした。二人はそれぞれ犬の散歩をしていました。ティナはコリーでロレーンはシュナウザーを連れていました。ティナによれば、「私たちは犬の散歩をしている時に会ったのです。私はお互いのペットについてコメントを始めたのを覚えています。私たちは二人とも動物が好きでした。その日以来、私たちは親友になることを決めたのでした」。

その夏の間、ティナとロレーンは「一緒に過ごしました」。二人は隣に座って一緒に日記を書き、そして一緒にそれを読みました。音楽を一緒に聴きました。ゲームをしたり、一緒に絵を描いたりしました。彼女たちはお互いの家で交互に毎週末一緒に過ごしました。二人はお互いの家族の一員になりました。ティナは思い出します。「私たちはお互いの教会に日曜日に行ったものでした。でも私は彼女の長老派教会へ行って、しかも自分の（カトリック教会）にも行かなければならなかったのです。彼女が私の教会へ来たら、彼女にはそれで十分だったので、私は奇妙な気がしました。ティナはその時不思議に思いました「なぜ私が彼女の教会へ行ってもそれはカウントされないの？」

夏の間中、ロレーンとティナは離れられませんでした。秋が来て、一緒に7年生になっても二人の友情は続きました。一緒の授業を受けられなくなり、二人はとてもガッカリしたのですが、彼女たちは一緒に勉強する機会がよくありました。そしてティナによれば、「彼女は、数学以外はすべて私より勉強ができました」。二人はメモをやり取りしました。そして学校の購買部で一緒に働く機会もありました。それは本当に名誉なことだと思いました。

彼女たちは一緒に詩を作って二人の日記の中でお互いに約束しました、「私は教会にいたあのカッコいい男の子に名前とどこの学校へ行っているのかを尋ねることを誓います」と。あの時、その少年とは何の進展もありませんでした。どうにもならない片思いがあっただけです。二人は近所の森や川へよく出かけ、川に突き出た巨大な木の幹に座ったものでした。「私たちはそこに何時間も座ってただ話をしていました」。二人は自分たちの寝室をメアリー・タイラー・ムーア（米国の女優、コメディアン：訳者注）のアパートのようにするために、絶え間なく模様替えをしていました。二人はガール・スカウトに入っていました。それで一緒にキャンプに行きました。ティナは思い出します‥

彼女は私に親しくしてくれてありのままの私を好きになってくれた初めての人でした。私はロレーンに会うまで自分には味方がいると思ったことはありませんでした。彼女はもし誰かが私をからかったり、「デブ」と呼んだりしたら私を守ってくれました。私はいつも彼女を受け入れて愛していました。何をしていようと、私たちはただ一緒にいることが好きでした。何時間も私たちは仰向けになって雲が流れるのを見ていたものでした。頭上でどんな形の雲が踊っているのかを観察しながら。当時自分たちは気づきませんでしたが、私たち二人はとても真剣でスピリチュアルで、私たちの周りの人たちが聞いたら驚くような会話をしていました。でもそれは、「あなたは私の一番の親友よ」と言うぐらいの健全な友情の表現の一つでした。

その友情はロレーンの父親が西海岸に転勤になるまでの2年半の間、二人の生活を安定させる力でした。8年生間近の頃、二人はロレーンが引っ越すことを知りました。そして「私たちは決してさよならは言わない」と約束しました。その代わり、二人は「またね」

とだけ言うようにしました。ロレーンが去った時、ティナは外で「またね」と言ったけれど、家の中に入って今にも泣き出しそうになったのを覚えています。1975年5月30日のその日の彼女の日記の記述はこれだけです、「ロレーンがいなくなって、私は泣いた」。今でもティナは思い出します、「彼女が去るのを見るのはものすごく辛かった。とても惨めな気持ちでした。あらゆる点で、それは死のようなものでした」。その学年の終わりに、ティナのアルバムにロレーンは自分の気持ちを書いています：

> お別れするのはとても残念です。私たちはこの2年半とても楽しい時間を過ごしたよね……あなたは私が何マイル歩いたか知っている？　あなたの家を往復して歩いて、森を通って、ビーチに沿って木を登って（そしてまた降りて）……何回私たちはバカみたいなことをしたか知っている？　恥ずかしくなることをしながら何とも思わなかったことは何回あった？　私は本当に「さよなら」は絶対に言わないわ……今、私はお互いに手紙をやりとりすることだけが目に浮かぶの。おそらく私の手紙は大きくて分厚い巨大なマニラ封筒で送らなければならないでしょう。なぜって、普通の封筒じゃ入らないから。半マイル走るだけでお互いの家へ行けないのはとても残念だわ。ともかく、私たちはずっと永遠に最高の友達です……。

ティナは約束したように、それから絶えず手紙を書きました。ティナ自身が認めていますが、彼女はロレーンほど手紙を書きませんでした。二人はお互いに訪問することを約束しました。そして両家はティナが9年生の終わりにロレーンに会えるようにしました。ロレーンも11年生の終わりにティナに会いに戻って来ました。1981年にロレーンは結婚しました。ティナはカリフォルニアへ飛んで彼女のメイド・オブ・オナーになりました。1986年にティナが結婚した時は、ロレーンはマトロン・オブ・オナーになるために東部へ戻って来ました。それからロレーンが亡くなるまでの10年間、二人は手紙や電話で交友関係を続けました。

「彼女が亡くならなかったらよかったのですが。今は彼女のことを考えるともっと辛くなります」。ティナはため息をつきます。「私は彼女のそばにいるととても安心できたのです。私たちが一緒にいる時はずっと、まるで私は彼女より年下で、彼女は年上のようでした。結婚にしても、芸術にかかわることも、彼女はいつも私の先輩でした。彼女はリーダーで私は一生懸命について行きました。どんなことが私たちの人生に起きても、私たちの愛の絆は変わりませんでした」。

ロレーンが亡くなった後、ティナは催眠治療の際に二人の間のソウルメイトのつながりを確認しました。彼女は二人が姉妹だったスコットランドでの生涯を見ました…

その時も彼女はリーダーでした。彼女は姉で私は妹でした。私はボタンとレースで着飾った服を着て彼女の隣に座っているのを見ました。私は自分が着ているボタンや素材を素晴らしいと思っていました。私は彼女のそばにいたり、ただ付き添っていたりして長い時間を過ごしたようでした。

彼女がいる所はどこでも、そこが私のいたい場所でした。私たちの人生は雑事で満ちていましたが、とてもシンプルな生活でした。時が過ぎて、二人はそれぞれ同じような人生体験をしました。結婚して、子どもを持って、いつも一緒に人生の体験をしたのです。

後年、あるサイキックが、彼女がロレーンと一緒だったスコットランドの過去世を確認しました。そして二人はその全生涯を通して一緒だったと言いました。加えて、そのサイキックはロレーンとの友情はいろんな人間関係を経て８００年以上かけて築かれたとテイナに伝えました。その期間を通して二人は、愛は時を超えることを魂レベルで学びました。確かに、彼女らは必ずしも常に一緒だったのではありませんでした。それぞれは相手と切り離された魂の体験や生涯がありました。しかし8回の生まれ変わりで二人はとても密接につながっていました。イタリアでは二人は舞台芸術に関わる友人で、エジプトでは神殿の一つで同僚として集まったこともあります。ジェノバでの生涯では、二人は姉妹で仲の良い友人でもあり、お互いに日記を書くことに多くの時間を費やしていました。その時の彼女たちの父親は現在のティナの父親でもありました。ジェノバの体験では、二人はいつも一緒でした。彼女たちは物語を話し、詩を書き、自分たちの空想の世界に浸るのを好んでいました。彼女たちはよく似た才能、憧れ、そして技術を持っていました。それは人生がそれほど複雑ではなかった時代で、人生はもっと明快で、単純で、そして簡単な時代でした。

このサイキックの話はすべてティナにはよく理解できるものでした。今でも彼女がローレーンに絆を感じる理由がよく説明できるのです‥

ロレーンから私は愛を学びました。そしてどこに私たちがいても、私たちに何が起きようとも、その愛は決して変わらないことを学びました。彼女が亡くなるまで、私たちはどの人より長くお互いを知っていました。私は彼女が亡くなったことを知ってすぐに、彼女とのつながりが弱くなったとは思いませんでした。彼女が引っ越した時もそうでした。何が私たちの人生で起ころうとも、私たちの間にある絆はまるで永遠であるかのようだったのです。ローレーンから学んだことは、愛の絆は時を超えるということです。

「神は愛である！」愛はそれぞれが相手を助けることを促している！

エドガー・ケイシーのリーディングの視点から言うと、時間と空間を超えてそれぞれの魂を動かす力が愛の本質なのです。ケイシーは、真実の愛について、創造主の栄光が何らかの形で地上に顕現されたものであると信じていました。なぜなら「神は愛である！」（1579―1）からです。友人関係においては、愛はとにかく人生の展開を通してそれぞれが相手を助けることを促します。スピリチュアルな存在としての魂の伝統の一つは、他の人たちとの関係を持つことによって創造主とのつながりを体験することです。ケイシーはすべての魂が最終的にはお互いとの真実の関係そして神との共通のつながりを理解することができると信じていました。ある時、リーディングは50歳の作家に次のように言いました‥

したがって、実体が現在の体験を行うのは、単に地上での友情や地上での愛を体験するためだけではなく、相互の関係において友情や愛を促進する基礎を築き、友情や愛の促進に影響を与える必要があるからです。つまり、愛の体験とは自身が賞賛される表現のためでも、愛を受ける人たちが賞賛されることでもなく、創造主の力の栄光――愛を促す力――が地上で賞賛されるためなのです。

別のリーディングでは、とても信仰深い61歳の女性が自分の親友とのつながりはどこで始まったのかを知りたいと思いました。その女性によれば、彼女たち二人は何年間も「宗教的理想」を共有してきました。リーディングは二人がキリスト教の迫害の時期に初期キリスト教の宗派の聖職者を助けた、と言いました。現在でも宗教への信念の強さが二人には依然としてありました。物事をやり遂げるために必要とされるどんな援助も与えられるだろうという信念を、人生を通して持っていました。（５０２５－１）

23歳の男性は自分が過去世で一番親密だったのは誰かを知りたいと思いました。ケイシーは簡単に答えました「現在あなたと付き合いのある人たちだ」。（３５４５－１）35歳の主婦は彼女と親友の間に感じる親密さはどこから来たのかを理解したいと思いました。ケ

イシーは現在の親友は直近の過去世で、娘だったと伝えました。（808－18）
友達関係でしばしば問題を体験する若い女性は、彼女はよく誤解され、それによって友情がぎくしゃくしたり壊れたりすると言われました。彼女はその状況をいつも修正するようにアドバイスされました。というのは、友達が多いに越したことはないからです。「というのは、友情としての愛は他の人たちにたくさん与えることで成長するからです……」（951－4）

ある教師が彼女自身とかつては友人だった女性との仲違いと疎遠の原因を知りたく思いました。エドガー・ケイシーは、二人は数百年前のフランスで体験した同じ対立のパターンを繰り返しているのだと彼女に伝えました。彼のアドバイスは彼女がかつて軽視したことを軽視しないで、「どれだけ多くの友人がいても、一人も手放せない」ということを理解することでした。（3234－1）
38歳の政府職員が友人との間の困難な状況を改善する方法を知りたいと思いました。そして彼は次のように告げられました。

意見が同じであれば、その友情はより強固になるでしょう。意見の対立があるなら、

その点に関して、相手を説得しようとしないでください。説得しないことで、友情は強くなります。どんな活動の形でも、人が他者に依存するようになる時、友情はすぐにその活力を失います。

友情はこうして築かれるのです。

622－7

39歳の女性が「現在強く惹かれている」仕事上の男性の友人との過去世での関係について知りたいと思いました。リーディングは、彼女の直近の生まれ変わりでは彼女は初期の開拓の頃のニューヨークにいたと告げられました。どうやら、その時彼女は多くの異性を引きつけるすごい魅力を備えていたようでした。そしていつも彼らの多くを意のままに「操って」いました。それは現在も悪用されかねない彼女の魔性です。その過去世では、現在の彼女の友人は彼女の愛人の一人だったのでした。（1953－2）

シャロンという名前の美容院のマネージャーは、次のように言われました。彼女と友人のロッティは、数多くの異なった過去世で関わっており、ある時は、お互い相容れないライバルだったり、ある時はとても親密な関係だったりしたと。この二つの極端な例は、彼女たちが共に過ごした植民地時代のコネチカットとパレスチナでのそれぞれでの生涯でとてもよく現れていました。コネチカットでは、彼女たちはお互いに相容れませんでした。当時、シャロンは思想と表現の自由の追求に深く関わっていました。そしてその考え方は当時のロッティには受け入れ難いものでした。しかしながら、聖地パレスチナで、彼女たちはしばしば自分たちより不幸な人たちへ必要なものを与えました。二人の過去の関係は、しばしば彼女たちが異なる意見を持つように仕向けましたが、現在の二人に残っているのは、他者の役に立ちたいという彼女たちの共通の望みでした。（1825－1）

19歳の少女がフランスでの過去世で親密だった人は現在周りにいるのかを尋ねた時、ケイシーの答えには、二人の女友達が含まれていました。一人は近所の人でもう一人は職場の人でした。フランスでの過去世では、現在彼女の近所の人は妹で、彼女とはとても仲が良かったのでした。仕事上の友人は修道女でした。その修道院に彼女自身が入った後に友人になって、よく相談に乗ってもらった女性でした。（288－5）

1943年に与えられたリーディングでは、あるニューヨークの歯科医は彼の男の親友のうちの二人は彼が罠をかける狩猟師としての過去世で親密な関係だった人でした。そのうちの一人は彼の仲間でもう一人は交易所で働いていて、そこで二人は獲物の皮をはぎ取っていました。彼はその同じ時に、自分の秘書と歯科衛生士とも知り合いだったことが分かりました。リーディングはその二人の女性は過去世でしばしば彼と意見がくい違って彼をイライラさせた——現在の彼女たちと同じように——と言いました。しかしながら全体として、彼女たちとの間の友情とお互いの継続中のつながりはその歯科医院にとって「本当に貴重」だと説明されました。（2772－5）

魂のレベルで重要な人は初めて会うのではない——リーディングはそう告げている！

ケイシーのファイルから、あらゆる私たちの重要な人間関係は過去にその基礎があることがはっきりしました。魂に関する限り、私たちは重要な人に初めて会うのではありません。

友人との過去世のつながりの現代の例です。パットという名前の中年の男性は旅行業界に身を置き、しばしばエジプトへ出張する機会がありました。長年にわたって、エジプト人のムハンマドと深い友情を築きました。年齢が近く、それぞれは自身の生活、家族、そして友人がいましたが、彼らが抱いていた友情は会うたびにすぐに「復活」してきました。

ムハンマドはかつて妻に「自分はなぜパットが去るのを見るのがとても悲しいのか理由が分からない」と言いました。どういうわけか何となく、ムハンマドは友人のパットの世話をして、彼の滞在中は彼に贈り物を買ったりしていました。

ある時、ムハンマドはパットとエジプトの市場を歩いていました。そして二人は周りの状況について話し合っていました。一瞬、パットは市場のウインドウの一つにある飾りに気を取られました。それは20世紀初頭のエジプトの展示でした。彼はウインドウに近づいて初期のエジプトの色褪せた写真を見ました。突然、彼自身の中のどこかから、ムハンマドに何かを伝えたいどうしようもない衝動を感じました。彼は反射的に振り向き、叫びました「ねぇ、お父さんこれを見て！」その体験の後、二人は彼らの結びつきはかつて父親と息子だったことであると確信しました。

別の例で、二人のビジネスマンがそれぞれの国で海外事業を営む会社で働いていました。一人は日本に住んで、もう一人はアメリカに住んでいました。彼らが初めて会った時に、彼らの間にはまるでお互いを生まれてからずっと知っているかのような、友情の絆がすぐに生まれました。その後、二人はお互いを「日本の兄弟」「アメリカの兄弟」とそれぞれ呼び合いました。彼らは仕事でお互いの国に出張することがあり、いつも二人の友情を新たにすることを楽しみにしていました。

ある日、その日本人は、彼との絆がとても強力だったので、サイキックにどこで彼の「アメリカの兄弟」を知ったのかを尋ねました。サイキックは、二人は中東で「兄弟で絨毯のセールスマン」だったと答えました。その直後に二人は同じ日程で海外出張の予定が入り、何と驚いたことに、その旅行先は中東だったのです。

超越的関係⁉ ボニーとジーンの現世の協働と過去世での出来事!

別の女性は30年にわたる友情の始まりを思い出します。「私は彼女が話すのを初めて聞いた時、私の魂は彼女の声色に共振しました。そして私は私の中で何かが動くのを感じました」。ボニーとジーンの二人はボニーが受講している超心理学のコースの講義で会いました。教授は、その日のゲストスピーカーで彼の代わりに教鞭を取るジーンをクラスに紹介しました。

最初、ボニーはその教授自身の経歴と評判を基にしてそのコースを選択したので、不満を感じました。「私はクラスの予定外の状況にうれしくありませんでした」と彼女は思い出します。しかしながら、ジーンが話し始めるとすぐに、ボニーの失望は消えました。

「私は、彼女が私に教えるすべてのものを学び取りたいと感じました。でもそれよりもっと、私は彼女についてのすべてを知りたいと思ったのでした」。

ジーンが長く話せば話すほど、ますますボニーは二人の間にはある種の結びつきがあることを確信しました。彼女の頭の中で、突然、自身がジーンと一緒にクラスで教えているシーンも浮かびました。その当時、ボニーは主婦で、母親で、過去に先生としての経験もありませんでした。しかし確かにそのビジョンにワクワクしたのです。

授業の後、二人は話しました。そして彼女たちには数多くの共通点があることがはっきりしました。その教科に関心があるのは勿論ですが、彼女たちは同じタイプの本や同じ時代の歴史上の出来事に惹かれていました。加えて二人は家族の困難と変化の真っただ中にいました。ジーンは最近離婚し、自分一人で3人の子どもたちを支えようとしていました。ボニーに関しては、4人の子ども、夫との難しい関係、背中の痛み、そして彼女自身の人生から絶対に何かが欠けているという強い失望感を抱えていました。最初の出会いで、ボニーは会ったばかりのこの女性と永続する友情を築かなければならないという必然性を強く感じました。「私は友情を得たいという強い要求を感じたことは後にも先にも決してありませんでした。それは私には選択の余地がないかのようでした」。

講義が終わって、ジーンが他の講座でも教えているのが分かったので、ボニーはすぐにその講座にも登録しました。時が経つにつれて、ボニーはすべてのジーンのクラスに出席しました。そして彼女の友達になるための努力をしました。ジーンはあたかもボニーを好きであるかのように振る舞っていましたが、彼女はある種の不安を感じているかのようでボニーと距離も取っていました。ボニーは、ジーンの人生がすでに授業と子育てで手一杯なので、これ以上友情のために割く時間は全くないのだろうと思っていました。後で分かるのですが、ジーンの対応には理由があることを過去世の体験が示しています。

その講座が終わる前に、ボニーは背中の手術をしなければなりませんでした。そしてそのために彼女は入院しました。そこにいる間、彼女は夢を見ました。その夢の中で彼女はボニーのイニシャルが彫られたグラスを買いました。彼女はそれをジーンにプレゼントしましたが、ジーンはそれを見て彼女のキャビネットには本当にスペースがないのだと言いました。その夢は、ジーンが彼女の人生に新しい友人を作る余裕がないことを示唆していたのでした。ボニーは依然として友達になりたくて仕方がなかったので、その夢はとてもショックでした。

ボニーがまだ病院にいる間に、ジーンが見舞いに来ました。それからしばらくして、ボニーの退院後、ジーンは再びボニーの家を訪ねてきました。そしてボニーは彼女にあの夢について話すことにしました。そしてその意味を知らないふりをしました。話を聞くと、ジーンはただ微笑んで「面白いわね」と言っただけでした。それに続く沈黙で、ボニーはきまりが悪かったのですが、しばらくしてジーンははっきりした声で言いました。「友達と出かけるのだけど、私たちと一緒に来ない？」その瞬間、ボニーはジーンがどういうわけか結局のところ彼女のために「友達の席を作る」ことを決めたのだと思いました。二人の女性が仲良くなるにはそれほど時間はかかりませんでした。そしてすぐに、彼女らは一緒に社会人向けのクラスの設立と授業に取り組みました。

彼女たちの友情が始まって数年後、ボニーは、彼女たちの関係とジーンが最初に交友関係を築くことをためらった理由を説明できるような過去世退行を受けました。退行の間に、二人はさまざまな役割でしばしば一緒だったことが分かりました。教師と生徒、教師と教師、そして新入りと新入り。これらの生涯の一つで事故があって、ボニーはジーンの死に間接的責任があったのでした。その事故が現代において、ジーンがボニーと友人になることに気が進まなかった一つの理由でした。

別の生涯で、二人が新入りとして一緒に修業していた時、ボニーは、どうやらジーンについて誤った評価をしていたことが分かりました。ボニーはジーンがスピリチュアルの真実ではなく彼女自身の個人的な信念を他の新入りたちに教えていると感じ始めたのです。ボニーはその過去世でそれ以降の自分の人生に重大な影響を与える選択をしたのでした‥

自分の発見から私には三つの選択がありました。ジーンに私の思っていることを告げて、本当は何が起きていたのかを私に言うチャンスを与える、自分の疑念について上官に言う、あるいは何もしない。退行で、私は何もしなかったことが分かりました。私がジーンの言動について何もしなかったことが上官の知るところとなり、私は新入りの教官になることは許可されませんでした。そして私は組織から追い出されてしまいました……。

後年、ボニーはまた日中「ビジョン」を見て、その中で自分自身とジーンがずっと昔の時代に、人々の先生をやっているシーンを見ました。自分が他の人たちに教えることができる何かを持っていることを確認できた上、そもそも彼女がジーンと一緒に教えることにとても惹かれた理由を理解しました。

その時から、ジーンとボニーは一緒に何百というクラスやワークショップで教えました。しかし単なる同僚というより、二人は友人として親密な関係になりました。時には彼女たちは違いがあることを認めましたが、一緒に働くという魅力は決して変わりませんでした。ボニーは言います、「私たちが協働して創造性を発揮する時、私たち二人は今でもワクワクします。何年にもわたる私たちの関係で変わらないたった一つのことは、お互いを無条件に受け入れることと無条件の愛です」。

ボニーがトラウマ的な離婚を経験している時、彼女に勇気を与え、その状況から離れてゆっくり休むようにしてくれたのはジーンでした。

その後、ボニーは心身共に疲れ切って、外界から距離をおきました。しかしながら、ジーンは講演やワークショップに彼女が必要であるという理由で彼女を連れ戻し続けました。

彼らの関係は喜びと笑いにも満たされていました。ボニーは次のように説明します‥

私たちが一緒に働いていた時期、私たちは子どものように笑って遊んでいました。そして始終他の人たちにとても役に立つクラス、ワークショップそして企画を作っていました。私たちの友情は個人的な課題と困難を抱える時期や大喜びと興奮の時期を経験して長年にわたり続きました。私たちはお互いを支えて相手の擁護をしました。私たちは一緒に働いたり、話したりしているだけでも決して飽きませんでした。私たちには他の人たちが認めて羨むことがある、まれなラポールの関係があるのです。私自身にとって、この関係は私自身の人生の力の主たる源であると分かりました。私は二人の関係を愛と受容に満ちて人生の領域を超えた超越的関係と呼んでいます。

時空を超え再び巡り合う⁉
4回の過去世で一緒だった大学生ランディと友人ガスのケース！

ケイシーのリーディングの最後の例は、17歳のランディという大学1年生です。彼は大学の親友と少なくとも4回の過去世で一緒だったと言われました。（78－1）現代では、彼と友人のガスは哲学や比較宗教学についてたびたび議論していました。彼らは一緒に勉強することや単にぶらぶらすることを楽しんでいました。そしてお互いを他の友人たちや仲間から守る場面がたびたびありました。過去からの二人の魂の結びつきは、どうやら現在において絶大な影響を持っているようでした。

二人に関してのケイシーのファイルによれば、彼らの直近の生涯では二人は英国で修道士でした。そして多くの時間を勉強と深い瞑想に費やしていたのでした。その体験からランディとガスは内省と瞑想が好きになりました。十字軍の最盛期の生涯では、ランディは盾持ちでした。そしてその町の指導者であったガスを守って亡くなりました。その体験で、二人は自分たちの主義と友情を守る必要性を「全力で」感じていたのでした。キリスト教の伝道者としてのもっと前の生涯では、ランディとガスは一緒に聖職者でした。そして結局彼らの信仰のために殉教したのでした。自分たちの死にもかかわらず、二人とも依然として魂の真理についての情報を学び、議論し、そして他の人たちと共有したいという強い願望を持っていました。

古代エジプトでの別の生涯で、ランディはガスの弟でした。二人はその国の政治的大変動の期間中、当初は対立して敵対していましたが、ランディは最終的に寝返って兄の最大の支持者になりました。その体験から、二人は真実がはっきりと分かるまで、他の人の批判や非難することを控えることを学びました。

その後数年にわたり、ランディとガスは親友のままでした。しかしながら、友情に関してよくあるように、人生の変化や地理的な距離によって二人は離れ離れになってしまいました。それぞれは異なる方向へ導かれ――個人的な目的を叶えるために（転職、結婚、引っ越し、そして子どもの誕生に伴って）――約25年間、時々手紙でコンタクトしていた程度でした。しかし、結局彼らはお互い消息が分からなくなってしまいました。

ケイシーのアーカイブスのファイルには、１９４９年以降のランディの情報はなく、ガスは１９８０年代初期の頃に亡くなったと報告されていますが、彼らの関係は終わっていません。必ず、ランディとガスは魂の仲間として、次回、空間と時間を超えてお互いとの継続中のつながりを再び始めるでしょう。

Part 5

ソウルメイト・グループと生まれ変わりとその目的をリーディングする

過去につながりのある人と会った瞬間に、運命の要素はなくなり、その時から私たちは独り立ちして前に進みます。前世の人生での互いの関係が起因するすべてのものは現世で（そしてその後も）解決されるために依然として残っています。一方、私たちは、過去世での関係の細かいことは気にせずに、自由に行動することができます。そしてこれによって現世で、お互いに対する現在の認識を基礎として、全く新しい洞察に至ることができるのです。
スチュワート・イーストン　『*Man and World in the Light of Anthroposophy*』

個々人、家族、友人の間にあるつながりに加えて、エドガー・ケイシーのリーディングは個々人が引き寄せられるもっと大きな魂のグループがあることを明確にしています。これらのソウルメイト・グループは個々人がより大きな仕事をするために集まる時によく現れます。例えば、大学を構成する教授たち、一つの目的のために結びつく人々、ある仕事のために集まる人々、そして国を作る政治家、指導者、そして市民もソウルメイト・グループです。これらのより大きなソウルメイトのグループは、魂の個人的な教訓の補助的存在であるように思えますが、それは、より広い社会のコミュニティであるとともに、関係する人々にも絶大な影響力を持っているのです。

ケイシーはロシアと中国に生まれることを選択したソウルメイト・グループの目的を明らかにしている⁉

ケイシーは、第二次世界大戦の間に与えられたリーディングの中で、ある国に誕生し、最終的には残りの世界に重要な影響を与えるソウルメイト・グループについての2つの例を示しました。彼は「それが具体化されるには何年もかかるだろう……」けれど、魂たちが自由になる理想を持って、意図的にロシアに生まれることを選択してきたために、ある日、共産主義は終わるだろう。（3976－29）他の魂の集まりに関して、ケイシーは同じリーディングの中で中国を挙げて、多くの魂が中国に宗教の自由をもたらす目的を持って生まれることになっていると述べました。確かに、その結果は「人間にとっては遥か先」になるだろうが、彼は、中国が魂の働く「発祥の地」になる時が来ると断言しました。

これらのポジティブな例に加えて、どうやら魂のグループは、宗教的紛争、民族闘争、偏見などのネガティブな目的のためにも集まるようです。ネガティブな行動のパターンは、個人が他の事を学んで、パターンを変えるまで、魂の一部に残っています。リーディングはそれがどれほど長くかかろうとも、最終的には各人は一連の個人的な人生の体験を通してこれらのネガティブな行為を克服するように促されることを明らかにしています。

古代エジプト、古代ペルシャでのケイシー自身の過去世リーディング

生まれ変わりのサイクルの中にいるソウルメイト・グループは、エドガー・ケイシーと個人的に付き合いがあった人たちが受けた多くのライフ・リーディングでも明らかになり

ました。彼が個人の過去世を読むリーディングを行う時、ケイシーは現世に最も影響を与えている転生を見ているだけだと繰り返し述べていました。つまり、リーディングは必ずしも個人の過去世のそれぞれを引用する必要はなく、その個人の現在の転生に関係があるものだけを見ればよいのです。

しかしながら、現在、多くの人がエドガー・ケイシーの業績と緊密なつながりがあるので、それらの人たちの多くが、過去世でエドガー・ケイシーとの付き合いがあったのは珍しいことではありません。ケイシー自身は彼自身ととても多くの人たちとの相互の結びつきに大変感銘を受けて、ある女性に語りました。もしこれらの人々のグループが繰り返し引き寄せられた経緯についてすべての情報を集める時間があったなら、「それは何という素晴らしい物語になるのだろう！」と。（951−4　レポートファイル）

エドガー・ケイシーは自分自身のライフ・リーディング（294−8など）の中で、彼にとって現在大きな影響を与えた二つの過去世についてよく話しました。一つは古代エジプトでもう一つは古代ペルシャでした。古代エジプトでは、彼は国中に魂の真理についての情報を広めた高僧でした。古代ペルシャでは砂漠の遊牧民で、最終的には重要なヒーリング・センターになる都市を築きました。どうやら、多くの人たちは、歴史上でのこの時期に彼の働きによって影響を受けたようです。そしてその正に同じ人たちの多くが現在一緒に現世に引き戻されたのでした。

例えば、ケイシーは、多くのリーディングの中で、自分のサイキックな業績の探求・記録のために彼が設立した組織の目的を述べています。その主な目的は教育的なもので、リーディングに含まれる情報を広めること、そしてそれを人々の生活に適用できるようにすることとです。ケイシーはあるリーディングで、「エジプトとして現在知られている土地で同じものを最初に設立した人々以外」では現在作っている団体に引き寄せられたり、関心を持ったりする人はいないと述べています。（254－42）後にリーディングは、彼らが立ち上げた事業について、多くの同じ人たちが何千年も前に始めた仕事の続きだという事実を確認しました。

しかしながら、彼らが持ち続けた動機は、教育的な団体になりたいというグループの統一した願望だけではありませんでした。ケイシーはこれらの同じ人々の多くはかつて対立して、その仕事をどのように成し遂げるかに関してお互いに争うことさえしたと示唆しました。そういった理由から、彼らは魂レベルで同様の不満、不調和、そして意見の対立を持ち合わせ、出会って克服する必要があったのです。リーディングは、力を合わせることと、お互いに協力することを学ぶことの重要性をそのグループに再認識させました。なぜなら「どんな家でも内輪で争えば成り立たない」（マタイによる福音書12－25）からでした。
　彼が生きている間に、ケイシーの組織は特定の活動や職務に従事している個人の小さなグループをたくさん集めました。これらの活動には病院の設立、大学の創設、さまざまなリサーチ活動、そしてスピリチュアルな事項に関する討論会などがあります。キリスト教の祈りのグループが１９３１年に組織によって設立された時、この同じ人たちの多くがエジプト時代に同じグループの一部だったことが多くのリーディングで述べられています。「それで、私たちは祈りのグループの基礎を築いたのだ」。（２８１－42、２８１－43など）
　そのグループは個々人として、さまざまな組み合わせ――ポジティブでもネガティブでも――で一緒でした。しかし、一般的にはグループとしては、全体の共通の利益のために協力しました。ケイシーはこれらの人たちが協力的な態度で働くかぎり、最終的にはそのグループは「何千人もの人たち」（２９４－１２７９）と祈る機会を持つだろうと正確に予言しました。今日、その創設からおよそ１００年経っていますが、ケイシーの祈りのグループの活動は続いています。
　彼のペルシャでの生まれ変わりについて、ケイシーはあるリーディングで「私たちはその時にこの実体と関係があった多くの人が現在この地球の異なる場所にいるのが分かる」（２９４－８）と言いました。20年以上にわたって、人々に与えたライフ・リーディングの多くで、ペルシャ時代にいた人の生まれ変わりが重要になると強調していたので、リーディングは多くの人たちがソウルメイト・グループへ引き戻されることを正確に予期していたようです。結局のところ、ケイシーの秘書のグラディス・ディビスがリーディングを受けてペルシャとエジプトの両方でケイシーの活動に関係していた50人以上のリストを作りました。（２９４－１５３レポートファイル）

ソウルメイト・グループに引き寄せられたドロシー・イーディの驚異的な過去世

以前のソウルメイト・グループへ引き寄せられた人の中で一番驚くべき例の一つが１９８７年に出版されたジョナサン・コットによるベストセラー『The Search for Omm Sety』の中で語られています。コットはドロシー・イーディについて書いています。彼女は生まれ故郷の英国よりエジプト人の世界にすっかり惹かれてしまいました。どういうわけか、エジプトと当時の人々への前世のつながりの記憶が、過去が現在より重要になるほど彼女に衝撃を与えたのでした。

ドロシー・イーディは１９０４年１月16日に生まれました。そしてあらゆる点で普通の子どもでした。しかし、3歳の時に階段から落ちて意識不明に陥りました。ドロシーの母親は主治医を呼びましたが、医者はその少女を診断した結果、その子は脳しんとうで亡くなるだろうと言い渡しました。家族が家の別の場所で集まって一緒に悲しんでいる間、ドロシーはベッドに横たわって眠っていました。1時間後、ドロシーは自分の部屋で遊んでいるのが見つかったのでした。そして完全にどこも悪くないようでした。彼女の家族は驚き、大喜びしました。その後すぐに、彼女は自身が見た美しい庭に囲まれた大きな円柱のある巨大な寺院建築の夢について繰り返し話し始めました。彼女はしばしば理由もなく泣いていることもありました。母親が彼女を慰めようとして、どうしたのか尋ねると、ドロシーは必ず涙ぐんで「家」に帰りたいと返事するのでした。「家にいるよ」と言われてもドロシーは更に泣き続け、自分の家がどこか分からないけれど、そこへ連れて行って欲しいと言いました。

4歳の時にドロシーは両親と一緒に大英博物館へ行きました。彼女はエジプト・ギャラリーへ行くまでは退屈でつまらなそうでした。しかしエジプトのギャラリーを見ると、ドロシーはすっかり魅せられて、夢中になって目を大きく見開いてあちこち走り回りました。そして彫像の足にキスさえして、展示物すべてを堪能しました。両親が次の展示へ行く時間だと強く言った時に、ドロシーはエジプトの展示から動くことを嫌がりました。結局、困ったドロシーの家族は30分間彼女を一人でそこに置いて、博物館の観光ツアーを続けました。彼らが彼女のところへ戻った時、ドロシーはまだそこから立ち去ることを嫌がりました。母親が彼女を抱えようとした時、ドロシーは「放して……この人たちは私の仲間なの！」と大声で叫びました。

その年の暮れに、ドロシーは子ども向けのイラスト付き百科事典をもらいました。その本にはたまたまロゼッタストーンの絵が載っていて、彼女を魅了しました。ドロシーがその石を何度も何度も眺めていたので、ついに母親がそこに書かれている言葉は彼女にはとうてい理解できないものだと言いました。しかし、ドロシーはその言葉を実際は知っているけれど、忘れただけだと答えました。

7歳の時に、父親の買った雑誌をぱらぱら見ている時、ドロシーは古代のエジプトの寺院の写真を見つけました。彼女が驚いたことに、それは子どもの時に夢に見たまさしくその寺院――アビドスにあるエジプト第19王朝のファラオ・セティ1世の神殿――でした。その写真は遺跡の発掘現場の写真で、ドロシーの夢に出てきた最盛期の神殿とは全く異なるものでしたが、彼女はすぐにその写真がその神殿だと分かりました。自分の発見に大喜びで、ドロシーは父親の所へ走っていって、その写真を見せて「これが私の家、これが私の住んでいた家！」と叫びました。

その後すぐに、ドロシーはセティ1世の極めて良好な状態で保存されたミイラの写真を見つけました。彼女は興奮して父親に自分は写真の男性を知っていること、そして彼はとても優しくて親切だったと説明しました。イライラが限界に達して、父親はその男性は約3000年前に死んでいるから知っているはずがないと怒鳴りました。それで、ドロシーは自分の部屋へ駆け込んで泣きじゃくりました。彼女の両親はドロシーがそのうちエジプトについての「空想」のファンタジーから間違いなく目が覚めるだろうと期待していましたが、その日は訪れませんでした。10歳の時ドロシーは有名なエジプト考古学者のサー・E・A・ウォリス・バッジの目にとまりました。彼は英国の有名なエジプト研究家で、よく博物館に来ている少女を見ていたのでした。彼女の強い希望で彼は象形文字のシンボルを彼女が「思い出す」ことを手伝い始めました。非常に短い時間で彼女は『死者の書』の抜粋を実際に翻訳できるほど上達しました。

やがて、エジプトの夢はもっと鮮明になって、ドロシーは自分が若いエジプト人の少女だと言い出しました。ある時、彼女は自身が水に囲まれた地下の部屋にいるのを見ました。その当時ドロシーは知らなかったのですが、アビドスのセティ神殿の裏手には大きな地下ホールがあり、その中央に水で囲まれた島があったという証拠が今も残っています。彼女の夢はより詳しく続きました。それは悪夢で、夢の中でドロシーは自分がベントレシャイトという名前の若いエジプト人の女性であり、彼女のしたことを非難している厳しい顔つきの高僧から棒で打たれているのでした。後にドロシーはベントレシャイトとセティ1世は偶然出会って、恋に落ちて関係を持ったことを知りました。

ドロシーの10代後半から20代にかけて、彼女はエジプトに戻れる時をただ待っているように感じていました。27歳で彼女はエジプトの広報誌の仕事を得ました。それを通して彼女はついにカイロに住むアッパーミドルクラス出身の若い男性と会って結婚しました。1933年に彼女は婚約者に合流するためにエジプトのポート・サイドへ向かって船に乗りました。陸地に到着すると、彼女はひざまずいて、地面にキスをして、二度と自分の母国を離れないと誓いました。彼女は29歳で、ついに家に戻って来たかのように感じていました。彼女のゴールは最終的にはアビドスにあるセティの神殿に行くことでしたが、彼女は少なくともエジプトまで辿りついたのでした。

初めから、ドロシーの結婚には困難が待ち受けていました。彼女は過去のエジプト、遺跡、そしてもっと素朴な時代に憧れていました。一方彼女の夫は現代的な世界が好きでした。彼は中流や上流にいたいと思っていました。そして妻になる人はエジプト考古学者ではないことを望んでいました。ドロシーがセティと命名することを強く望んだ息子が生まれてから、その夫婦はついに別居して離婚しました。

ドロシーはエジプト考古学会で大ピラミッドとスフィンクスの遺跡に関する製図の仕事に就きました。彼女はアビドスへ行くことを願っていましたが、彼女はギザ台地でエジプト考古学者を手伝う仕事に満足していました。ドロシーは時には少々風変わりな行動をすることで知られていましたが、立派なエジプト考古学者として評価されていました。彼女はエジプト考古学の幾つかの重要な研究について書いたり、共同執筆をしたり、そして同様に多くの記事、エッセイ、そして解説を執筆して評価されていました。

彼女はセティの母親だったので、エジプトの正しい習慣では、彼女は「オンム・セティ」として知られるようになりました。彼女はアビドスへ2回の日帰り旅行をしたことがありましたが、彼女がようやくアビドスへ移住したのは彼女が52歳の1956年のことでした。それから彼女が1981年に亡くなるまで25年間、オムニ・セティはアビドスの大部分を本来の壮麗さへ復元することに協力しました。ドロシー・イーディが昔のエジプトに感じていた愛着は、説明ができないし、彼女の魂の奥底から来たとしか考えられません。

一緒に引き戻されたソウルメイト・グループ４人の現代における物語

一緒に引き戻されたソウルメイト・グループの現代における事例が、最後には全員が演劇と福祉の両方で働くことになった4人の物語で語られています。その物語は舞台芸術学校の監督のトムから始まりました。そのシーズンの劇を企画している間、トムはキャサリンを監督の一人として雇いました。興味深いことに、彼は彼女が演劇についての学歴や経験があり、監督の経験もあったので、「あらかじめ調べもせずに」彼女を雇ったのでした。キャサリンが採用された後、彼女は「The Good Doctor」の劇のオーディションを開きました。キャサリンは役者の募集に応募した女性たちの中の一人、ロリーにとても深く印象づけられたので、彼女はロリーがその演劇に関われるように男性の役を女性に書き直しました。その日から、トム、キャサリン、そしてロリーは一緒に多くの演劇に関わるようになりました。

その年の6月にキャサリンは知的障がいのある成人のグループホームでのフルタイムの仕事に就きました。空いた時間に、彼女は演劇の仕事と、ロリーとトムとのつながりを続けていました。3人はとても親密な友人になりました。その年の暮れに、トムが収入を得るためそのグループホームの仕事に就きました。翌年ロリーが看護学校へ行くことを決めた時、学費を稼ぐために彼女もそのグループホームで仕事を得ました。彼らのそれぞれの家族やバラバラのスケジュールにもかかわらず、3人は福祉と演劇で一緒に働き続けました。

そのグループホームが退職したスタッフのポストに人を採用する必要があったため、ロリーは学校で知り合いになった友人の一人、ジャネットを推薦しました。ケアワーカーとして雇われてすぐに、トムはジャネットに、グループの最新の上演作品の「アマデウス」に参加してくれるように頼みました。その日から、そのグループは4人になりました。みんなお互いに友人としてそして同僚として関わりました。彼らは演劇と舞台芸術での彼らの仕事に加えて、知的障がいのある成人たちが「可能な限り普通の生活」を送るのを助けることに関わり続けました。

確かに、彼ら4人の間には口論や時折起こる嫉妬がありました。ソウルメイトの関係は問題が起きないという意味ではありません。起こった問題の一つはキャサリンとロリーがしばしば感じたことですが、トムはまるで「ジャネットの世話をする」必要があるかのように極端に彼女をサポートして守ろうとしていることでした。しかしながら、どんなに意見が対立しても、そのグループは密接に結びついて仕事と演劇を一緒に続けました。やがて、知的障がいのある大人たちが、より「普通の社会」に関われるようになることを助けるために、トムは福祉機関から入居者の何人かを劇場でのさまざまな立場で働けるようにする許可をもらいました。

そのうち、キャサリンはサイキック・リーディングを受けて4人の間にある過去世のつながりについて尋ねました。そのサイキックによると、4人は、演劇でのさらなる多くの人たちとのつながりやグループホームの居住者の何人かとのつながりとは無関係に、お互いとの関係を過去世で体験していました。例えば、キャサリンとロリーがネイティブアメリカンだった時に一緒で、4人の内の3人はエジプトで家族として結ばれていたと言われました。けれども、4人がグループとして集まったのは、有意義な作業のためでした。彼らの団結した努力はアトランティス、ギリシャ、そして英国へと辿れました。

アトランティスでその4人はヒーリング、芸術、直感、そして魂の真理の普及に関わってきました。その当時、彼らはヒーリングで人々を助けることそして自分たちの内なる創造力を利用することにとても興味を持っていました。その同じグループが彼ら自身の作品を創作して上演する時にギリシャに集められました。演劇や音楽芸術を学び、彼らのパフォーマンスの多くは、神と人間の関係だけでなく、自由意志の哲学と力、そして運命に関することを描いていました。彼らの目的は芸術を使って人々を教育することでした。

直近のグループのつながりは19世紀頃のロンドンでした。その時期、キャサリンは下流階級に生まれてやっと生きていました。貧しさのため彼女は時には自分の身を売らなければなりませんでした。ついに、彼女を哀れに思った紳士が家の使用人として彼女を雇いました。不幸なことに、その男の動機は高潔なものではなく、彼が望む時はいつでも彼女をレイプして、欲望を満たすために彼女を利用し始めたのでした。そんな状況下、キャサリンは最終的に逃げ出しました。しばらくして、キャサリンは誠実で裕福な貴族の使用人として雇われました。

その貴族が現在のトムであることが分かりました。不幸なことに、キャサリンの元の雇い主は嫉妬と怒りで激怒しました。彼はキャサリンを「道徳の欠如」と報告して、彼のコネを使って彼女を21日間精神病院に収容させました。そこにいる間、トムは自分が哀れみを感じていた使用人を解放させるために自分のコネを使いました。

キャサリンが精神病院に収容されたことと、トムが彼女を助けるために病院を訪れたことによって、二人は人間が不当に扱われている劣悪な現場を目の当たりにしました。そこでは人々は、精神的、肉体的障がいの有無を問わず、治療や福祉も施されずに収容されていました。あらゆる種類の虐待が日常化していました。檻に入れられている収容者もあれば、裸で自分の汚物の中で横たわっている者もいました。それはトムとキャサリンの想像を絶するほど人間がひどく扱われていました。その日から、二人はそれを何とかしようと誓いました。

トムの19世紀の仲間はトムの不動産を精神的そして肉体的な障がいのある人たちが「可能な限り普通に暮らせる」住宅に変えました。キャサリンはこの取り組みでトムのために働き始めました。入居者には新鮮な空気、清潔な衣類、そして栄養のある食べ物が与えられました。そして正しい医学的治療も施されました。やがて、普通の精神病院に収容されていれば、そこで一生を終えるかもしれなかった入居者の一部は治療されて最終的には退院しました。ロリーは19世紀の前世で、彼女の娘が精神病院に収容されていたために、関わりを持つようになりました。精神病院の恐ろしい状況を見た後、ロリーは自分の娘を国の施設から出してトムが始めた住宅に移しました。現在のトムのジャネットへの支援と愛着は、彼女が19世紀の時代に彼の娘で、後にトムが始めた精神障がい者を助けるという遺産を引き継ぐことになったという事実に端を発するものです。

現在、すべての情報はキャサリンに関係しているように見えますが、彼女が最も興味深いと感じたことは、この人生でグループの4人の内3人の家族が何らかの理由で精神病院にいたということでした。再び、そのグループはヒーリング、創造、そして自分より不幸な人たちの救済のために集められたのでした。後年、そのグループメンバーの二人は精神的な障がいのある人たちへの関わりを拡大し続けました。トムは19世紀に行ったように、自分の農場の一部を精神的障がいのある人たちが普通の生活を送れる場所に変えました。そしてロリーは精神科の看護婦になったのでした。

エドガー・ケイシーのリーディングは魂が以前関わっていたグループや活動に一緒に引

き寄せられるように運命づけられていると示唆しました。これらのグループには有益な影響を与えているものもあれば、決してポジティブではないものもあります。しかしながら、確かなことは、ある人にケイシーが言ったように、「すべての関係は、あなたが自分の理想として抱いたものを発展させるための機会として、あなたの体験の一部分になる」。（1581－2）つまり、私たちが地上に存在するための究極の目的――愛の法則を顕現すること――を最優先で心にとどめておく限り、過去にどんなことが起こっていようとも、過去世のあらゆる人間関係は、現世での目的ある体験になり得るのです。

Part 6

被害者意識をなくせば「犠牲者」はいない!? ソウルメイトとヘルプメイトにおける課題

完璧な世界は、そこに生まれた人がゼロから始めるのではなく、過去世で学んだ教訓を徐々に活かすことによってしか実現できない。

レスリー・D・ウエザーヘッド、*Ph.D.*,『*The Case for Reincarnation*』

エドガー・ケイシーのリーディングは、人生の課題がどのようなものであれ、魂が「自己に会う」ために最も適した困難や機会を自身に引き寄せると明言しています。その結果、あらゆる関係は課題を共有します。ケイシーは、人生で生じる問題は人の内部にあるもので、それぞれの人は自身の人生の旅が展開する過程での不可欠な共同制作者であると信じていました。究極的には、もし人が被害者意識をなくせば、「犠牲者」のようなものは出ません。あらゆる人生の課題や機会は、魂の成長と個人的変容の過程で役に立つ可能性を持っています。

不倫、三角関係の過去世と現世での対処

ある時、エドガー・ケイシーはまさに自分自身に会う機会を持つ3人の交流関係を説明する「三角関係」の興味深い例を示しました。

その例は49歳のメイという女性です。彼女は、進展しているある状況――不倫――についてのリーディングを得るために、夫のハワードと「別の女性」を何とかして連れてこよ

うとしていました。彼女はケイシーに、夫とその女性は「とても愛し合っていて、彼らはどうしたらいいのか分からないのです」と言いました。メイは、彼女の夫が肉体的には不能なので、二人が惹かれ合う理由は本質的には肉体的なものではないと知っていると言いました。しかし彼女は泣いて、その状況をどう理解して対処すればよいのか途方に暮れていました。

以前のリーディングでは、夫と妻は以前に少なくとも3回、パレスチナ、エジプト、そしてペルシャで一緒だったと述べました。ペルシャで、メイは自分の支配力と利己主義を使って、周りの人々の上に立っていました。その同じ時期に、彼女の夫はどうやら多くの女性と性的な関係を持ち、彼自身は多くの女性に囲まれていましたが、「その体験では自分自身の幸福のためには妻が多すぎた！」（289－9）のでした。リーディングによれば、現在の状況を作ることになったのはペルシャでの生涯でした。明らかに、現在のガールフレンドはハワードの妻たちの一人だったのでした。そしてメイはともかく他の女性たちに対して支配的立場を取っていたのでした。結果として、3人はそれぞれ今「自分自身に会っている」のでした。ケイシーは、ハワードとメイは「お互いにヘルプメイトとして必要とされる」と3人にアドバイスしました。別の女性と彼の関係については、夫は「その関係を美しいものにして、醜いものにしてはならない！」（413－11）と告げられました。男性は以前に両方の女性を愛していたので、その愛は魂レベルで続きましたが、現在の状況にふさわしいものにする必要がありました。彼らの未来の行動指針を決めるために、リーディングは各人が常に自身に「あなたはあなたの神に何と言われるだろうか？あなたはあなたの子どもたちに何と言われるだろうか？　あなたはあなたの近所の人から何と言われるだろうか？」と問い続ける必要があると言いました。

3人のおかれている状況は大いなる学びの体験であり、困難に見えるかもしれないが、むしろ個人の成長の「足掛かり」になることができると言われました。それぞれは他の二人の気持ちを心に留めておくように勧められました。「もし立場が逆なら、あなたが二人からして貰いたいのと同じように二人に対して行動しなさい」。それぞれは他の二人を非難したり咎めたりしないように、その状況は無条件の愛で満たされるべきであると言われました。

リーディングの後、メイはリーディングのアドバイスに従うように努力しました。彼女は、リーディングの忠告――自分が相手の立場なら扱われたいように夫と女性の二人に対して行動するように――を心にしばしば留めておきました。その後しばらくして、彼女は自分自身についての別のリーディングを求めて、自分はその状況にどれくらい上手くやっているのかを尋ねました。ケイシーは彼女に「忍耐と愛を現すことにおいて、これほど前進している人、これほど進歩した人も、ほとんどいない」（413－13）と言いました。リーディングは希望の言葉で終わりました。「その信仰を固く守ってください。というのは、すぐに、より平和でより調和のとれたより幸福な体験をする日が来るからです」。

その後すぐに、ハワードと女性はお互いへの愛着を断ちました。女性は別の男性と恋に落ちました。そしてメイとハワードは彼らの結婚生活を再開しました。数年後ハワードが心臓病を患い始めてからも、メイは彼の世話を続けて彼を愛しました。ともかく、彼女は魂のレベルに残っていたどんなわがままも克服して無条件の愛の教訓を学びました。

結婚二度目同士のカップルに向けられた義理の息子からの敵意

31歳の女性と夫が二人の困難な関係について共同のリーディングを受け、問題が詳しく分析されました。二人とも2回目の結婚でした。そして二人は現在直面している問題をどうすれば克服できるのかを知りたいと思いました。多くの不満に加えて、カップルの問題の一つは夫と女性の最初の結婚の息子との間にある継続中の敵意でした。ケイシーは二人に家族全員が一緒になるのは偶然ではなく、関係者全員の物質的、精神的、そして魂の成長のためだと言いました。彼らがお互いに成長するために与えられた機会を拒絶しないように励まされました。一緒にいるための多くの理由がありますが、別れる唯一の理由は利己主義と身勝手さのためでした。女性が「私たちはなぜお互いにこんなに不満を感じているのですか?」と尋ねた時、ケイシーは次のように答えました‥

彼らはお互いに気に掛けない、そして一緒にいたくないと決心しました。しかし彼らが――一緒に――それぞれの問題を分析し、共通の基盤でそれらの問題に――対処――しようとするなら、状況は理解されて不満は消えるでしょう。

263-18

二人はどうすればもっと結婚の幸せを感じることができるのかを尋ねた時、「それぞれの目的を一つにすることによって」とアドバイスされました。もう一つの質問は「なぜ私たちが何かについて同意するのはこれほど難しいのですか?」でした。その答えは「二人が同意できることより違いを探しているからだ!」でした。お互いの見方を変えることに加えて、納得して一緒にできる活動、趣味、娯楽を見つけるように勧められました。3人の間の全体的な関係について、それぞれは「欠点を最小にして、長所を拡大しなさい!」最終的にケイシーはカップルに「この体験を――今ここで――価値あるものにするために、お互い向き合って生きて、活動するように！」と勧めました。

彼らの間の困難は続き、ついにカップルは別居しました。しかしながら、別居期間は短く、彼らは仲直りすることに決めました。ファイルのレポートによれば、夫と妻が本当に一緒に取り組んだだけではなく、男性の義理の息子との関係も改善しました。そのうち、友人たちはそのカップルについて、「結婚が上手く行くように素晴らしい努力をした」と称賛しました。彼らの結婚と家庭生活は多くの人の理想になりました。その関係はその後妻が亡くなるまでの20年間続きました。ついに夫がその数年後に亡くなった時、彼の義理の息子はあらゆる点でその男性は彼にとって「本当の父親」になったと言いました。

不倫の罪で死刑の過去世!?
妻と恋人の二人を同時に愛する男性のケース

三角関係の別の例で、34歳のニューヨークの弁護士が彼と二人の女性との2年半以上にわたる関係に関して幾つかのリーディングを受けました。彼は妻と恋人に、どうしようもないくらい惹かれていました。男性自身の言葉によれば「私は違うやり方で二人を愛しているようなのです。そしてどちらも傷つけたくないのです」。

ケイシーはその男性に、彼の状況は彼がモーゼの時代にユダヤ民族の一員として体験したものと同じだと言いました。その当時、彼は現在の妻と結婚していて、現在の愛人と不倫をして捕まりました。不倫の罪は死刑でした。そして男性と彼の恋人はすぐに処刑されました。現在、その状況が再び起きているのです。彼は恋人へ関心を克服して彼の妻に果たさなかった約束を果たすように勧められました。ケイシーは、その男性の恋人への関心は主として欲望と自己満足であるが、彼の妻と彼の関係はもっと大きな可能性があると述べました。「二人が相互に本当のヘルプメイトの結びつきになる可能性があるのだ」。(2052－2)

そのアドバイスにもかかわらず、［2052］氏は彼の妻から逃げてメキシコ離婚（ニューヨークでは無効）をして恋人と結婚しました。数か月後、彼は最初の妻を見捨てたことに罪の意識を感じたので彼女の元に戻りました。最初の妻のところに戻ってから数か月後、彼は彼女を見捨てて二番目の妻のところへと戻りました。彼は今までよりもっと混乱して、同じ年にその状況でどうすべきかについて3回目のリーディングを受けました。彼は、リーディングでは離婚を勧めることがあるのかどうかも尋ねました。

3回目のリーディングの間、ケイシーは彼の二番目の妻への関心は主に欲望と自己満足であることを指摘しました。リーディングは彼に、もし彼が二番目の妻との関係を終わらせるなら、二番目の妻にとってははるかに良いだろうと言いました。彼はまた過去に最初の妻を「軽視」していたこと、そして現在も同じことを続けていることにも気づかされました。もし彼がその同じ道を続けるなら、彼は彼自身と二人の女性をさらに傷つけて「継続する不正行為の意識」を持つことになると。彼は適切な行動の道に従うように強く勧められました。

リーディングは他のケースではいくつかの理由で離婚を勧めていましたが、その理由のどれも彼の状況には適応されませんでした。基本的に、離婚に対する論理的根拠は次のものです。⑴相手と一緒にいることで肉体的、精神的、魂の害を受ける恐れがある場合、⑵その状況で二人が一緒に取り組むべきことを本当に解決した場合、⑶その状況で一人は教訓を克服したが、相手は克服することを拒否した場合です。

エドガー・ケイシーが亡くなってから数年後、［2052］はケイシー財団にフォローアップレポートを送りました。彼は二番目の妻の元へ戻り一人の子どもの父親になったと述べました。結局罪悪感に苛まれ、彼は最初の妻の元へ戻りましたが、彼らの最後の和解は長くは続かなかったのです。今では彼はどちらの妻も本当には決して愛していないことを確信しています。そして彼は二人の妻のどちらも彼とはもうこれ以上関係を持ちたくないと思っていることを認めました。

「2052」氏は最近の人間関係のために極度の落ち込みと感情の情緒不安定の真っただ中にいました。そしてついに自分の真のソウルメイトを見つけたと信じていました。彼は彼女から「真の愛の意味に本当に目覚めさせられた」のでした。彼は39歳で彼女はほんの21歳でしたが、「私たち二人は完璧な交際を経験して、お互いにとても夢中になりました。音楽、文学、芸術に同じ情緒的関心を見つけました。二人はお互いにこれ以上愛せないくらい愛し合っています」。

不幸なことに、その女性は別の男性と結婚していました。そして彼女自身は実際には有効な離婚を勝ち取れませんでした。それにもかかわらず、それから数か月間、二人は関係を続けました。クリスマスの日に、彼女の夫はついに離婚を決意しました。悲劇的なことに「2052」の恋人は糖尿病の発作に襲われて数日の内に亡くなってしまいました。すべての状況によって彼は「とても孤独で、打ちのめされて人生に対する関心を失って」しまったのでした。彼がレポートを書いた理由の一つは、彼のこの苦悩は彼自身の選択のために起きたのかどうかを知りたかったからでした。彼はまたちょうど失ったばかりの恋人に似た人を見つけるためにどこを探せばよいのかも知りたいと思っていました。

ケイシー財団の事務スタッフのメンバーのジナ・サーミナラは「2052」の手紙に答えて、彼に「当分の間は他の女性を見つけることを忘れなさい」と伝えました。彼は彼を愛してくれる人を探すより、他人に奉仕して、自身の中で愛を育み、他の人たちと無私の心を共有するようにアドバイスされました。彼には人生の目的に関するリーディングが送られ、人生でもっと無私になるように勧められました。その年の8月までに、［2052］はもう一度手紙を書きました。彼はその癒やしのプロセスにおいて進歩していました。そして、ジナが送ったアドバイスに「それは私の人生を豊かにして、私が陥りがちなわがままと自己満足を食い止めるために非常に役に立ちました」と感謝したかったからでした。［2052］は長年にわたってケイシー財団に興味を持っていましたが、彼が再婚したかどうかに関しての情報はファイルにはありません。

過去世でカップルであったことを知った既婚者同士の二人が現世で選択した人生とは？

ソウルメイトの課題についての別の例です。同僚のエリックとリンの間で起きました。二人は「仲の良い友人」として何年間も一緒に働いていました。二人がそれぞれの結婚に問題を抱え始めた時、彼らはもっと親密になりました。二人はよく一緒にランチを食べて、お互いに何でも話せることが分かりました。

リンは夫と離婚したいと思っていましたが、彼女には子どもがいたし、「40代の女性は別の相手を見つけるのはとても難しいだろう」とも思っていたので、離婚はしていませんでした。エリックは仕事に不満を感じていました。そして彼も自分の仕事と出張でストレスが溜っていたため、彼ら二人は互いに「疎外感」を感じていました。

エリックによれば、「いきなり、私たちの会社がニューヨークの大企業でプレゼンテーションをする機会を得たのでした」。プレゼンテーションをするために会社に選ばれた二人がエリックとリンでした。その旅行で彼らは3日間一緒でした。旅行の間、彼らは時折手をつないで、2回「キスをした」のですが、その程度でした。リンは「普通であれば、私たちはもっと進んでいたと思うけれど、私たちはそれぞれ相手が行動を起こすのを待っていたようでした」と認めています。二人が家へ戻った時、二人はお互いに頻繁にメールを送って可能な限りいつでも一緒に仕事をしました。

ある夜、リンがエリックの夢を見ましたが、夢から覚めると、彼を「ジェームズ」と呼んでいて、夢での自分の名前はハンナであったことが分かりました。その日、彼女はエリックにその夢について話しました。彼はその同じ日の夜、彼ら二人が英国のどこかで結婚したカップルだった夢を見たので「とてもビックリしました」。

彼らは一緒になる可能性について少し話しましたが、その代わりに「何か別のことが起きているように思えました」。彼らは過去に一緒だったことを確信しましたが、現世で一緒になるとは思えませんでした。エリックは本当に妻を愛していたし、彼女を傷つけることは何もしたくありませんでした。しかし、リンは夫と離婚するべきだと確信し続けていました。しかしながら、同時に、彼女はエリックとは一緒になるべきではないと感じていました。二人は「どういうわけか私たちは、現在の私たちが課題に取り組むことを助けるために過去の記憶を呼び起こした」と結論付けました。その記憶はリンが離婚するために必要な励ましを与えました。そしてエリックは家庭と仕事の両方の自身の問題を解決する意欲が出てきました。

その年が終わる前に、リンは競合他社から新しい仕事のオファーを受けました。そしてその後すぐに、彼女は「完璧な夫」を見つけたのでした。エリックも自身の生活の問題を解決しました。彼は「おそらく自分の妻とリンの両方がソウルメイトだ」と認めています。リンに関しては、「私たちは時々連絡を取ります。私たちの間には間違いなくつながりがありますが、現世では私たちは、それぞれ生きるべき人生がある」と話しています。

前世で果たせなかった恋人を所有したいという願望が現世での結婚を重荷にしてしまう例

ケイシーファイルの別の例では、ある女性［１４８３］が、自分の恋人が結婚について決心するのに時間がかかっている理由を知ろうとしてリーディングを受けました。二人の間には間違いなくつながりがあって、彼女は結婚することを強く望んでいましたが、彼女の恋人［１１７３］はいつものらりくらりとしていたのでした。

エドガー・ケイシーは二人の間の引き寄せを開拓時代のアメリカの生まれ変わりへと遡りました。その時その女性はその男性の親友の妻でした。当時、［１４８３］は自分の夫に不誠実でした。そして現在の恋人［１１７３］と継続的な関係を持っていました。ケイシーは彼女が恋人と一緒にいたいという強い願いは愛に基づいているのではなく開拓時代のアメリカで彼女が抱いた彼を所有したいという願望に基づいているとその女性に告げました。より良い結婚関係を築ける別の人たちが彼女にいるように、彼女の恋人にも現在もっと幸せになれる別の人たちがいる、と彼女は優しくアドバイスされました。

そのカップルのために共同リーディングを得た1週間後、再び二人の間の結婚の見込みについて尋ねました。再度、ケイシーは二人の間には解決されるべき過去からの衝動と同じように間違いなく引力があると述べました。ケイシーはその女性に、彼を手に入れたいという願望に取り組む必要があることを気づかせました。ケイシーはその男性に、彼が取り組んでいる過去からの衝動は、［１４８３］との家庭や結婚の望みではなく、彼女には守る人が必要だからだと告げました。彼はもし二人が結婚したら「それぞれの重荷になるだろう」と伝えました。（１１７３－11）

ケイシーは、二人は以前に作ったパターンに引きずられているに過ぎないということを彼らに気づかせました。「彼らは自分自身に向き合っているのだ！　彼らが向き合っているのは自分自身以外の何ものでもないのだ！」彼らはその状況にどうすべきかを決断するための選択の自由がありましたが、ケイシーのアドバイスは、その女性の「わがまま」によって女性側で作られた願望と、その男性の「自己犠牲」によって男性側で作られた願望を克服することを学ぶことでした。［１１７３］が、二人は現在どのような関係を育てるようにするべきなのかを尋ねた時、彼は「友情」と言われました。そのカップルはアドバイスに従って結婚しませんでした。

過去世の因果応報⁉　結婚して別離したカップルの状況

　過去世の因果応報の興味深い例が［953］氏の物語で語られます。ケイシーによれば、彼は古代エジプトで、権威のある立場にいて、別の女性と駆け落ちした既婚の男性を、法律の立法趣旨に反して法律の条文通りに追放したのでした。その状況が、現世で［953］の妻が不幸な結婚にもかかわらず彼との離婚を拒絶した時に起こりました。選択肢がほとんどないので、結局［953］は妻のもとを去り、内縁の妻を迎え、彼女との間に二人の息子をもうけました。彼は内縁の妻をとても愛していました。そして法的に結婚することを望みましたがそうすることはできませんでした。すべての状況は［953］に失望感と苦悩を与えましたが、それは誰かを何かのために不正に罰したので、最終的に自分自身の行いについて受けた報いに過ぎませんでした。

　ある女性がエドガー・ケイシーに彼女自身と彼女の恋人の間にある過去世のつながりについて尋ねた時、彼は以前に何度も彼女の仲間だったと言われました。最も強い過去世のつながりの一つはインドからでした。そこで彼女は自身の「わがまま」のために魂をなくしてしまいました。彼女の恋人との関係に関するかぎり、彼女たち二人は多くのことについて非常に異なる意見を持っていましたが、もし二人が一体となって取り組むことを選択するなら、「現世で上手くやっていけるだろう」。他方、もし二人が気をつけないなら、お互いの人生で「躓く力」になるだろうと言われました。フォローアップレポートによれば、そのカップルは7年の内に結婚して離婚しました。（2800－2）

現世ではお互いに協力……リーディングのアドバイスに従って課題を克服したカップル

ある若い男性が彼と彼の妻は以前何回も一緒だったと言われました。直近一緒だった時、妻は彼よりかなり年上で現在の夫に家庭教師と乳母として雇われていました。彼らは、もっと前の生涯で結婚していて一緒でしたが、お互いに協力する方法を学びませんでした。そして彼らは2回目のチャンスを与えられて再び一緒になりました。ケイシーはその男性に「彼らは以前の関係では上手く行かなかった」と言いました。なぜなら関係するすべての魂の成長のために、リーディングは「現世ではお互いに協力するのだ……」と付け加えました。後のレポートは、彼らは一緒に協力することを学んだので、結局「3人のかわいらしい娘たち」を育てることができたと示唆しています。（2167－1）

過去世でのトラウマを克服し
まさにソウルメイトの典型となったアリシアとジェームズのケース

過去世に起源のある状況を上手く克服した現代の例がアリシアとジェームズの物語で語られています。二人は１９５０年代に知り合い、当時ジェームズが24歳で、運送会社で働いていて、アリシアは20歳で、製紙会社で働いていました。

初めから、彼らの間には解決すべき課題があるようでした。アリシアによれば、彼女は午前中の休憩でコーヒーショップへ行った時にジェームズに会いました…

ジェームズはトラックから荷物を降ろしている間、コーヒーを飲みにやって来ました。私は彼が高校のクラスメイトの兄弟だと分かりました。私は彼にとても腹をたてていたのをよく覚えています。というのは、私は20歳の若さで結婚したくありませんでしたが、彼と結婚するような気がしたからです。私はまだやりたいことがいっぱいありました。私たちがその日、コーヒーショップにいた時、私が結婚のことを考えてとても怒っていたのを覚えています。

その後、ジェームズは彼女に電話してデートを申し込みました。彼女はまだ結婚したくなかったのですが、アリシアは彼と付き合うことにしました。二度目のデートでジェームズが彼女のフランク叔父さん（彼はかつて叔父さんのもとで働いていた）について話した時、彼女の怒りが再発しました。彼は彼女に「自分が結婚してフランクの親戚になるとは思ってもみなかった！」と言ったのでした。アリシアはまだ結婚するつもりはなかったので、その言葉は「これ以上ないほど」彼女を怒らせました。更に悪いことに、アリシアの母親は、娘に相応しいと思わない男性と自分の娘との関係に全くいい気はしていませんでした。アリシアと母親はこのことについて対立し続けました。そして、すべての状況がより複雑にさせることが起きました。アリシアがジェームズの子どもを妊娠したのでした。

アリシアは母親と揉めてはいましたが、母親と感情的に結びついていたことを認めています。彼女はどうすればいいのか、どこへ行けばいいのか、分かりませんでした。彼女の最も大きな恐れは母親が彼女との縁を切ることでした。ジェームズは彼女に結婚してくれるように懇願しましたが、アリシアはとても怖くなりました。彼女は母親に自分が妊娠したことを言うのも怖くなりました。誰に頼ればいいのか分からなくて、アリシアは状況を整理するために数か月間、姉夫婦が暮らすプエルトリコに滞在しました。彼女が家へ戻った時、両親に事の次第を話しました。彼らは彼女に救世軍の未婚の母の家へ行って、出産後子どもを養子に出し、「決して起きたことを誰にも知らせない」ようにと指示しました。

他に何かできるほど生活力もなかったので、アリシアは両親の指示に従いました。彼女は未婚の母の家へ入りました。その後すぐに、彼女は重度の貧血になって、医者はその原因を調べるために彼女を病院に入院させました。娘の妊娠に腹を立てているアリシアの母親は、貧血の原因は重要ではないし、もし娘が出産中に出血で死亡したとしても、それは「神の御業」で「祝福」である、「私生児を産むくらいならアリシアが死んだ方がいい」とまで言う始末でした。結局のところ、アリシアは健康を取り戻して女の子を出産しましたが、アリシアの母親はその子を受け入れませんでした。

赤ちゃんが生まれてみると、アリシアはその子を決して手放せないと思いました。彼女はジェームズに連絡を取り、二人は赤ちゃんを引き取って家族として一緒に暮らし始めました。長い間、アリシアの母親はその状況を苦々しく思って怒りは収まりませんでした。ジェームズとアリシアは結婚して数年の内に、二人目の女の子が生まれました。アリシアの父親はジェームズを好きになって彼と一緒にいることを喜んでいましたが、彼女の母親は残りの彼女の人生の間、彼から距離を取って「よそよそしい」ままでした。

彼らが結婚して10年ほど経った頃、アリシアは、過去にジェームズと彼女の関係が南北

戦争の間に突然終わりを迎えたことを示唆する鮮明な夢を見ました‥

私たちは南部にいて、私はそれが南北戦争の時期だと分かりました。私たちは大きな、美しい邸宅にいました。そこではたくさんのバイオリンを擁したオーケストラが演奏して人々はワルツを踊っていました。私は一人の青年と邸宅の外に立っていました。私が彼を見た時、その顔は今のジェームズの顔とは全く違うことに驚きましたが、私は彼だと分かりました。彼はとても若く、私が思うには、戦争に行くことになっているようでした。彼は軍隊の制服を着て、剣か銃を持っていました。私はペチコートとパンタロンで大きく膨んだロングドレスを着ていました。私は草の上を走って、低い生垣を超え、森へ走ることにしました。彼は驚いた様子で誰かが見ていないか確めるために周囲を見まわしました。そして森の方へと私を追いかけました。その夢の中で、その後すぐに、彼は戦争へ行って若いまま亡くなったのが分かりました。私は私たちの結婚を成就するために現在の人生で一緒になったことを知りました。

興味深いことに、二人の生涯を通してジェームズとアリシアは二人ともとても南北戦争時代に引き寄せられました。

何年か後、アリシアがサイキック・リーディングを受けた時、そのサイキックは以前の生涯で彼女は両親に見捨てられたこと、そして未婚で妊娠したことを彼女に伝えました。その生涯で、その妊娠によって彼女はとても悲しんで苦しみました。そして彼女は許しを求める方法としてとても信心深くなりました。サイキックは、彼女は実際には決して自分自身を許していない、従って、アリシアがこの人生では彼女自身を本当に愛することと許すことを学ぶことが大事だと彼女に伝えました。

ジェームズと結婚した当初、アリシアは深刻な健康上の問題を抱えており、そのことが彼女の激しい恨みの原因になっていました。しかし、彼女が夫にどんなに怒っても、どんなにしばしば「暴言を吐いて」も彼の愛は揺るぎませんでした。彼女の夫の無条件の愛と子どもたちの愛とサポートを経験したことが、アリシアが人を愛することを学ぶ手助けとなりました。

現在の人生の状況を振り返ってみて、アリシアはジェームズと一緒にならない決断をした可能性があったことに気づきます。もちろん、その判断は間違っていたでしょう。その可能性について興味深いことがあります。二人の娘が生まれた後、その娘は重篤な赤痢になってすぐに治療が必要になりました。アリシアによれば、「彼女がジェームズか私がいない環境に自分がいることを知ったら、彼女の魂はここを去ることを選択していたのではないか、と何度も考えました。私は私たちが一緒にいる決断をしたことを創造主にいつも感謝しています」。

40年ほどの結婚生活で、ジェームズとアリシアはお互いからたくさんのことを学びました。アリシアはとても感情に流されやすく傷つきやすい傾向があります。一方ジェームズはとても客観的で思慮深い傾向があります。アリシアはいろいろな人たちと一緒にいることを楽しみます。一方ジェームズは一人や家族の数名でとても満足できるタイプです。アリシアから見ると、ジェームズはいつも内面の強さを持っています。彼は自分自身に満足しているようでした。彼は自分の才能と限界だけでなく、ありのままの自分自身にも満足しています。ジェームズというお手本は、アリシアが自分自身について多くを学ぶのに役に立ちました。アリシアはお互いに一緒にいることで彼らの人生で二人は「バランス」を見つけることを学んだと信じています。

結婚を通して、二人は子どもたちへの深い献身と家族の価値観を共有しました。彼らはその娘に愛、子育て、サポート、そして信頼を与えました‥

二人の娘を育てる時、彼女たちを完全に信頼するという課題に取り組みました。何が起きようとも、私たちは彼女たちが最善を尽くすことに全幅の信頼を置き、彼女たちをサポートし、可能な限り助けます。私たちの娘は、ドラッグ、アルコール、セックスなどの大きな社会問題があるにもかかわらず、まともに成長しました。彼女たちが大人になった時、私は彼女たちにそういうものの誘惑に遭ってもそれらに関わらずに、どうやって成長することができたのかを尋ねました。二人とも、私たちが彼女たちをとても信頼していたことを知っていて、私たちをがっかりさせることができなかったためだと異口同音に言いました。

子どもたちに対する二人のサポートと愛は娘たちが成長しても続きました。最近、次女はトラウマになるような悲惨な結婚を体験して離婚しました。彼女は、今は3人の子どものシングル・マザーです。そしてアリシアとジェームズは、娘を経済的に助けて子どもの世話を助けるために引退と旅行計画を保留にしています。日中彼らは孫を見ています。それを重荷と思うより、「私たち二人は、私たちにとてもなついているこの3人の魂を授かったことを神からの祝福だと感じています」。今日まで、ジェームズとアリシアはお互いを尊敬し称賛し合っています。彼らの友人や家族には、彼らは「一心同体」のように見えます。そして自分たちの関係に深くコミットしたカップルの優れた手本になりました。彼らの結婚はまるで「天国で作られた」ように思えるとコメントした人もいました。アリシアはジェームズとの関係が「私の人生の最大の贈り物」であり、ソウルメイトの関係が本当に必要とすることを体験する助けになったと信じています…

彼は地上での私の天使であり、困難にある時にいつも助けとして存在しています。彼は私の最高のスピリチュアルな師であり支援者です。ソウルメイトの関係は壊せないかけがえのない深い絆です。ソウルメイトは一緒に子どもを育て、ものごとを一緒に体験し、そして一緒にものごとを共有するためにあなた方の人生に送られた特別な人だということが内なる認識です。それは必ずしも平坦で幸せな道ではありません。しかしたとえどんな落とし穴や困難があろうとも、絆がそこにあるのです。あなた方が持つ絆によって、構図が決まり、強化され、変更されます。教訓は学ばれて魂の成長が起こります。人生であなた方に起きることはそれほど重要ではなく、あなた方に起きたことにどのように取り組むかを決めるのが重要なのだと私は思います。

お互いがいなければ生きていけないレベル⁉
強烈なソウルメイト関係にあった女性二人のケース

ケイシーのファイルからのソウルメイトの関係における課題についての別の例です。その課題は大学のルームメイトとして一緒にやって来た二人の女性の物語ではっきりと説明されています。二人は孤独で心底結婚することと家族を持つことを望んでいました。女性の一人［369］は全く進歩のない男性と何年間も不幸な恋愛をしていました。もう一人の女性［1922］は彼女の友人の心の状態に責任を感じることがよくありました。リーディングは二人の女性は過去世で何度も結びつきがあって、現在は本当にお互いに助け合える関係にあると言いました。彼女たちはお互いが「自身の目的を成功させる」（369－16）ために彼女たちのつながりを使うように勧められました。彼女たちは他の人たちの人生へ創造的な影響を与えることができます。しかしながら、彼女たちはつながりを悪用することもできます。どうやら、彼女たちはそれぞれの人生の旅でお互いに助け合ったり妨げ合ったりするためにソウルメイトの関係を使うことができるようでした。

20年の期間を超えて、二人の女性はケイシー財団にフォローアップレポートを送りました。大学での短い期間の後、二人の女性はルームメイトではなくなって、夫を見つけようとしました。二人は手紙のやり取りを通して連絡を取ってしばしば訪問し合いました。しかしながら、ファイルのレポートによれば、二人の内の一人が交際の可能性のある人との幸せを見つける時はいつでも、もう一方は落ち込んで引きこもりました。なぜなら友人がついに誰かを見つけたのに、自分は見つけていなかったからでした。ファイルのメモの一つに、グラディス・ディビスは次のように書いています‥

おそらく［１９２２］は、［３６９］の孤独と不幸を顧みずにデートをしていたら、結婚していたでしょう。彼女は自分が「満たされている」ことを［３６９］が知ったら、苦しむであろうと思って、それを避けたかったのでした。

１９２２－１　レポートファイル

数年後、それぞれの友人たちが、彼女たちが相手に依存し続けることについて注意しました。二人はお互いに性的魅力に引き寄せられているのかもしれないと考える人たちもいましたが、二人は肉体的な関係に興味はないと断言しました。彼女たちには強い「精神的、感情的」なつながりがあるだけでした。にもかかわらず、二人が相手から独立する決断を下せそうもないのは他の人たちには明白でした。さらに悪いことに、「369」はかつて不倫をした男性とたびたび会っていました。彼女は彼に惹かれ続け、その関係が再開するのではないかと恐れていました。彼女は極度に心配して落ち込み、ついには自分の恐怖を和らげるために「前頭葉切除」を受けたのでした。

二人の女性は友人のままで、同居していたわけではないですが、相手と一緒にいることがよくありました。結婚相手を見つけられないという共通の不幸は続きました。ある時点で、二人はアルコールと精神安定剤の重度の中毒になりました。何年か経って「369」が短い婚約期間の後、彼女よりかなり若い男性と結婚した時、「1922」はとても動揺して病気になり、両親のいる家へ戻らなければなりませんでした。「369」の夫が別の都市に転勤して「369」が来るのを待っている時、「369」は友人との約束と夫についていて行くことの板挟みでとても苦しんで自殺してしまいました。その事例は二人の女性はお互いがいなければ生きることができないことをはっきりさせました。不幸なことに「369」が自殺した後、追加のレポートはファイルにはありません。明らかに、未来のいつかで、その二人の女性は正に彼女たちが中断したところから再開しなければならないでしょう。

絶え間のないトラブル、別れる運命の二人をつなぎ止めたものは!?

　コミュニケーションの問題が、トレイシーとマイケルの間では最大の課題のようでした。彼らはすぐに「打ち解けて」お互いに惹かれましたが、一緒になるやいなや、二人はあらゆることについて言い争いをしているようでした。二人にとって1週間に5、6回喧嘩をすることは珍しいことではありませんでした。その喧嘩の原因には、一緒にいるとか別れるとかいうことから、コミュニケーションスタイルの違いについての対立はもちろん、請求書の内容や金銭問題についてまであらゆることが含まれていました。最初の数年間は、カップルは別れる運命であるかのように見えました。しかしながらお互いの絶え間のないトラブルにもかかわらず、二人の間には深いつながりがあるようでした。

　現在も結婚しているそのカップルは、トレイシーの求めによって個人と二人の両方のセラピーセッションを受け始めました。セラピーの焦点は彼らがコミュニケーションすることを学ぶ必要があるということでした。他の問題の中でも、マイケルは自分の感情をもっとオープンにしてトレイシーと共有する仕方を学ぶ必要がありました。彼はまた自分で何もかもやるのではなく妻と協力する必要がありました。自尊心に関して、トレイシーはまるでマイケルが完全に二人の生活をコントロールしているかのように思うことを止める必要がありました。二人は相手を「同等」に理解する必要がありました。セラピーから数か月経って、二人の間の喧嘩はかなり減り始めました。彼らはまだ週に2、3回は喧嘩しますが、気がついてみると毎日喧嘩することはなくなっていました。

彼らのセラピーの一環として、トレイシーは過去世退行セラピーを数回行いました。その過去世は二人が彼らの関係についてのサイキック・リーディングを受けた時に言及されました。彼らが一緒だった生涯の一つでは、彼らは大きな遊牧民の一員でした。当時、マイケルはトレイシーの父親で、トレイシーはマイケルの息子だったのです。この時期は大きな政治的混乱と変動の時代でした。父親は、神がその状態を処理してくれることを祈りながら物事が収まるのを座して待つことを選択しました。逆に、息子は自ら事に当たることを決めて、軍事的革命に参加しました。その状況への対応の方法は正反対でしたが、二人はその都市と人々が大きな変革のただなかにあるという問題を共有していたのでした。

サイキックは二人に、結局のところ、その状況に対する二人の対応はどちらも正しくなかったと告げました。その時の彼らの教訓は、一緒に協力して自分自身に「私たちは同じ問題を抱えているのか？　そして最終的には同じ目標を持っているのか？」と問いかけるべきであったということです。彼らは違う対応のために互いが孤立するのではなく、共通の目的に向かって協働することができたはずでした。部族が必要としていたことは、社会的、政治的に人として、一緒に結集することでした。

二人のコミュニケーションの問題は英国でも繰り返されました。そこでは、マイケルとトレイシーは結婚していました。その生涯では、マイケルはきつい話し方をする傾向がありました。例えそうなった時でも、トレイシーは自身の中にぐっとこらえていました。トレイシーの家族は彼女に築600年の家と土地を残しました。そしてそれは彼らが結婚した後マイケルの「財産」になりました。やがて、マイケルはその家と土地をトレイシーが知らない間に担保に提供しました。仕事の取引の失敗と、愚かな投機によって、その家と土地はすべてなくなってしまいました。再び、彼らは同様の問題を抱えましたが、どちらもそれに対応することを望んでいませんでした。やがて、その二人の英国時代のカップルはお互いから距離を置くようになりました。

現世では、マイケルとトレイシーのお互いの関係とコミュニケーションは改善し続けました。彼らは多くの問題に取り組んで二人が協力すればいつでも物事はスムーズに行く傾向があることに気づきました。一つの例として、多くのカップルは家を建てる時に揉めるものですが、マイケルとトレイシーは設計の始まりから建築の終わりまで、「一度も喧嘩することなく！」すべてについて話し合いました。その経験はお互いへの献身と財政的関与を必要としました。10年以上経って、彼らは二人のどちらかが「責任者」になるのではなく、「私たちが協力して、同じものとしてお互いにコミュニケーションをする時一番上手く行く」関係であることが分かりました。

自分の娘とその夫が夫婦間の問題を抱えている女性は、娘の体験は目的があるのではないかと気づきました。彼女へのケイシーのリーディングは「人は偶然には出会わない。人はその機会を必ずしもスピリチュアルな手段や方法で使わないけれども、その機会は互いの体験には必要なのです」（２７５１－１）と言いました。彼女は彼らの関係に干渉しないように、そして欠点があるからと非難しないようアドバイスされました。そして当初の意図である、娘の問題を解決しようとする代わりに、個人的に関与することなくできる限り娘を助けるように勧められました。後に娘とその夫は離婚しました。

過去からの責任を負ったカップルの破綻した補完関係

ケイシーは別のカップルに、一緒にいることによって、個人的な成長のための最高の機会がもたらされるだろうと言いました。二人が会った時、その女性［９３４］は不幸な最初の結婚が終わったばかりでした。その男性［391］はとても強く彼女に惹かれたので彼女と結婚することをとても望んでいました。過去世のつながりは他にもあるのですが、リーディングは二人を引きつける力はギリシャでの生涯であることを解明しました。そのリーディングの後すぐに二人は結婚して子どもをもうけました。

不幸なことに、彼らはすぐに引き寄せ合ったにもかかわらず、最初から彼らの結婚は難しいものでした。二人は意志が強く、互いに譲歩することがありませんでした。結婚して2か月で、二人は別居しました。リーディングを受けたところ、その中でケイシーは、彼らは実際には協力できると二人に言いました。どうやら、二人は相手に負っている過去からの責任があるようでした。二人は強情さを減らすこと、そしてもっと歩み寄れることを学ぶ必要がありました。「それぞれはお互いを補うものであるべきです。そして、もし二人が協力するなら、補完関係は真実になるはずです。もし彼らが離婚したり、別れたりするなら、補完関係は成り立ちません！」（391―8）カップルは彼らの息子を育てる重要な役割を担う必要があるとアドバイスされました。

アドバイスにもかかわらず、その後10年にわたって少なくとも5回、二人は仲直りし、別れ、同じ時期、彼らは2回結婚して2回離婚しました。結局、彼らはそれを最後に別れて、別の人と結婚しました。そして彼らはまたその相手と離婚しました。その間ずっと彼らの息子は激動の育ち方をしました。20年後、彼女［934］は自身の人生を振り返り、結局のところ彼女は［391］との結婚生活を成功できただろうと考え、20年前にもっと賢かったならよかったのにと述べました。

ゲイのアントニオがみそめた相手には家族がいた⁉ 10年を超える紆余曲折！

厳しいソウルメイトの関係の別の例は、ゲイのアントニオによって語られます。彼は自分の理想の人生を次のように述べています。「自分はいつも5人の子どもと大きな家が欲しいと望んでいる」と。不幸なことに、彼の受けた教育のせいで、彼はそのようなことはゲイの男性には絶対に無理だと思っていました。彼が若い時（そして両親にカミングアウトする前）、コンバージョン・セラピーが可能だと信じる精神科医へもよく通いました。

アントニオはとても敬虔なカトリックの大家族で育ちました。母親とはとても仲が良かったのですが、彼は母親にゲイだと言った時に二人の関係が悪くなったと認めています。「彼女が私のアパートに来て、ひざまずき、私がその問題を乗り越えられるように一緒に祈るように私に頼んだ日のことを覚えています」。時間がかかりましたが、結局、彼女は彼を変えようとすることを止めて、その代わりに「考え方の違いということにしておきましょう」と提案しました。

バーへ行くこともなく、アントニオには出会いがありませんでした。そしてその代わりに仕事に集中しました。彼は時々デートしましたが、ソーシャルメディア・アプリをやってみて、ついにカルロスに会いました。アントニオは大都市に住んでそこで働いていて、ラッシュ・アワーが嫌で仕方がなかったので、彼は近くにいる人を見つけたいと思っていました。カルロスもいろいろな理由で、夢が叶ったようでした。

「私は彼に初めて会った時、本当に彼に夢中になりました。彼を見てすぐに彼を好きになりました！　私はすぐに以前彼と会ったことがあるという気がしました。彼は私の家から15分ほどの所に住んでいました。私たちは動物園でデートして、その後ディナーに行きました。私たちはその後3年間一緒でした」。

カルロスは離婚していて、前妻のシンディと5歳の息子のジャックがいました。離婚した二人は、ジャックが自分の家にいて、友人や学校にも近くいられるという友好的な取り決めを結んでいました。カルロスとシンディは交代で息子と住みました。カルロスはその家（都市部から45分）に週に3日、アントニオに近い自分のアパートには残りの4日住みました。

アントニオは回顧します。「私が初めてシンディに会った時、彼女にまさに恋に落ちました。カルロスが初めて彼女にカミングアウトした時、彼女はとても協力的でした。彼女は彼が彼の両親に話す時にも、同行しました。カルロスと私が一緒になった時、シンディと私も友達になりました。私はその家族全員と友達になり、私は自分がいつも夢見ていた家族がついに自分のものになったような気がしたのでした。私は、かつてジャックが彼の小さな手で私の指を摑んで、私に花を見せるため庭に案内しようとしたのを覚えています。私のハートはとろけそうでした」。

暫くして、カルロスは自分のアパートを出てアントニオと一緒に住むために引っ越してきました。それはカルロスにとっての大幅な節約でした。カルロスは家計のやりくりが下手だったので、一緒に住むことはとても助かりました。アントニオは「彼はお金をいっぱい持っているけど、いつも金欠だった」と記憶しています。

アントニオとカルロスが一緒になってから、アントニオは気がつくとラッシュの怖さにもかかわらず、その家族の元へ45分かけてドライブしていることがよくありました。時には、彼はカルロスと子どもだけとそこにいることもありました。時には、シンディが家族全員と過ごすために彼を招待することもありました。そういうことがよくあったので、シンディとジャックはアントニオの人生にとってとても重要な一部になりました。

確かに、困難はありました。お金の問題に加えて、カルロスは家の掃除も劣悪でした。結果として、アントニオは気がつくとアパートと家の両方を自身が掃除していることがありました。カルロスはうつにも苦しんでいました。アントニオは「彼は本当に自分自身に不安を感じていたのです。何もしようとせずに、コンピューターを見つめてぼーっと座っている日がとても多かったのです。そんな時、私はジャックを楽しませるために何かすることを見つけるだけでした」。しかしながら、最悪の問題は、1年ほど経って、カルロスはしばしば定期的にアントニオとの関係を断ち始めたことでした。

初めてそれが起きたのは、彼らがクルーズから戻って来た後でした。アントニオはカルロスに何か特別なことをしたいと思ったので、二人だけの旅行を予約しました。その旅は2月の始めの頃で、とても素敵でした。彼らが家へ戻った時、アントニオは「自分の人生で初めて、本当にバレンタインデイを一緒に過ごせる相手がいる！」と思ったことを思い出します。彼がカルロスに「バレンタインには何をしたい？」と尋ねた時、その返事は「馬鹿げた祝日だ。自分は祝う気はないよ」という返事が返ってきました。

アントニオはショックを受けて「でも僕は今までバレンタインにデートをしたことがないんだ」と言いました。カルロスは冷静に「あなたとは終わったよ」と答えたのでした。

アントニオは呆然として「何だって？」と言うと、カルロスは「終わったよ。私たちはセックスフレンドになれるけれど、それだけだ」と繰り返しました。

アントニオは泣き始めてカルロスはアパートを出て行きました。しかしながら、カルロスは15分もしないうちに「愛している。私はあなたがいないと生きられない！」というメールを送ってきました。

その日から、カルロスが頻繁にメールを繰り返すのが彼のルーティンになりました。彼は別れて、少し経つともう一度復縁を切望しました。そのたびごとに、カルロスは「私はあなたなしでは生きられないようだ」と告白するのです。

アントニオは二人の間には魂の結びつきがあることを疑っていませんでした。カルロスはそんな話には興味がありませんでしたが。とはいえ、彼らが一緒に生活している間、カルロスが別れを切り出し、すぐに復縁するというパターンは少なくとも7、8回ありました。アントニオにとって最悪だったのは最後の体験でした。二人が家族の家のカウチで並んで横になっていた時、いきなりカルロスは「私は終わったと思うよ」という口癖を繰り返しました。

再び、アントニオは驚いて「何だって？」と言いました。

「私はもっと若くてたくましい人がいいんだ」と彼は付け加えたのでした。

アントニオはすぐに家を出て行きましたが、アパートへ戻る前にもう一度カルロスは

「愛している。あなたがいないと生きられない」というメールを送ってきました。

アントニオは言います、「これは7回か8回目のことでした。そしてその日、自分の中の何かが壊れたのです。私たちの間に魂の結びつきがあったとしても、カルロスは自分自身に不満を抱いていて、関係を築く準備ができていなかったのです」。アントニオは付け加えます。「私たちが最終的に別れた時、私はすべてを失ったような気がしました。私はカルロスを失った。シンディを失った。ジャックを失った。すべてを失ったのです！　私は彼に『自分はあなたより愛した人はいなかった』と彼に言ったのを覚えています」。

10年以上過ぎました。そしてその時から今でもアントニオはカルロスの夢を見ます。彼は今でも二人の間には何かの絆のようなものがあることを確信しています。「今週も、私は私たちがキスしている夢を見たのです」。

彼とカルロスは今でもバースデーカードやクリスマスカードを交換しています。そしてジャックからも時々近況を聞いています。彼は彼らが一緒に過ごした時を本当に感謝しています。そしてたくさんのことを学んだと認めています。

「私は自分を好きになることを学びました。私はもはや自分が恥ずかしくありません。私は私たちが恋愛関係を持つこと、家族を持つこと、ゲイでいられることを間違いなく学びました。私はパートナーを持つこと、子どもを持つこと、そして誰かと一緒に料理することも満喫しました。そしてただ一緒にいる人がいることの楽しみを味わったのでした。その後ずっと幸せになることができたかもしれませんでした。私は今でも私たちの間にはまだ何かがあると思っています」。

20歳も年の差があるカップルの「偶然の一致」

現代の最後の例は、ある男性が恋に落ちて自分より20歳若い女性と結婚したケースです。彼は二度目の結婚で彼女は初めての結婚でした。そのカップルは多くの点でとても幸せに見えました。しかしながら、結婚して10年後、その女性は時折、夫を大声で呼ぶ時に無意識に彼を「お父さん」と呼んでいることに気づき恥ずかしくなりました。当然ながら、そうした時はいつでも彼女はぞっとしました。夫としては、二人の年の差を感じずにいられませんでした。時が経つにつれて二人は結婚関係より友情を深めました。そして結局彼らは「友人として」離婚しました。

その状況や年の差を知らずに、後年サイキックがその夫に、直近のインド人の生涯では、彼の前妻は彼の娘で、二人は「とても仲が良かった」と伝えました。不幸なことにティーンエージャー（13歳）になる前にその娘は病気になって亡くなったのでした。そのサイキックが彼の娘は12歳で亡くなった――彼と彼の妻が現世で一緒だった年月とぴったり同じ――と教えた時に「偶然の一致」に彼は鳥肌が立ったのでした。

Part 7

ツインソウルと
ツインフレイム

私はこの女性を探すことに人生を費やしてきたと思っていました。彼女ともう一度一緒になることが私の使命だと自分に言い聞かせてきました。でも私は間違っていました。彼女を見つけることが私の人生の目的ではなく、それは逃れられない出来事なのです。彼女を見つけて私の人生は始まりました。

リチャード・バック　『*The Bridge Across Forever*』

ケイシーの資料の中に含まれている人間関係の分野で、最も複雑で誤解されるトピックスの一つは、ツインソウルの概念です。その用語について論ずる人々は、同じ魂の分かれた半分である人間は、とにかく二人が完全になるためにお互いを見つける必要があると信じていることがよくあります。リーディングを受けた人々はエドガー・ケイシーに、どこで自分のツインソウルを見つけ出すことができるか、あるいは現在の配偶者あるいは彼／彼女は「ツイン」なのかどうかを尋ねました。時には、同じ人々がその同じことを述べるために「ツインレイ（一対の光線）」や「ツインフレイム（一対の炎）」という言葉を使ったりします。

一つの例で、現在の夫との二つの過去世でのつながり――一つはエジプト人として、もう一つはインカ人として――を告げられた27歳の女性は、二人がツインソウルであるかどうかを知りたいと思いました。ケイシーは「まったく同じ魂が存在するということはない。二枚の木の葉が同じことも、二枚の草の葉が同じこともない」と言いました。（3285－2）リーディングは、彼女と彼女の夫は魂の仲間であり、一致した目的を持って協力する時はいつでもお互いを補い合うことができると示唆しました。何よりも、この「目的の一致」が、ケイシーのツインソウルの中心となっている考えを最もよく表しています。

主に性的な関係やある種のロマンチックな人間関係の絡み合いではなく、ケイシーのリーディングはツインソウルの関係の焦点は共通の目的と理想であることを示しています。ツインソウルは、二人が共通に持っているある重要な取り組みを果たすために集まったものです。しばしばツインソウルの関係はロマンスではなく、ある特別な目的のために引き合わされた二人として現れます。リーディングはツインソウルの関係としてさまざまな親子関係を挙げることがよくありました。例えば、ケイシーはナザレのイエスと彼の母親のマリアはツインソウルだったと述べました。（5749−8など）いずれにしても、一緒にいることによって、ツインソウルは人生における彼らの共同の使命を果たすことを互いに手助けします。

ツインソウルの関係の焦点は依然として、協働作業にありますが、ツインソウルがカップルとしてある特定の生涯で一緒になることがあります。ツインソウルは同じ魂の分かれた半分であるのではなく、ケイシーのリーディングは、すべての魂は個人であり同時に創造主に深く結びついていることを明らかにしています。この相互接続は魂の本質にとって必要不可欠なので、すべての人は同じ全体の個別化された部分なのです。つまり、究極的に私たちはすべての他の魂に「ツインソウルのつながり」を持っているのです。しかしながら、ケイシーの情報の中に、リーディングが特にこのツインソウル現象について論じている箇所があります。

エドガー・ケイシーとそのスタッフたち4人におけるツインソウルの興味深い事例

エドガー・ケイシーと現在彼に最も近い人たちの幾人かの物語は、ツインソウルの興味深い事例を示し、目的を共有するだけではなく、地上での多くの生まれ変わりを通してお互いに継続的に影響し合っていることを示しています。

おそらく、4人の人生は、他の誰よりも、エドガー・ケイシーの遺産を残す作業に貢献しました。彼の妻、ガートルード・ケイシー、彼の秘書、グラディス・ディビス、そして長男のヒュー・リン・ケイシーです。この4人が一緒になったのは、国際的な広がりに成長して、ホリスティック医学、生まれ変わり、夢、スピリチュアリティ、そしてサイキック現象を含む多くのテーマについて、大衆の意識を変えることに多大な貢献をする組織を作るためです。

長年にわたり、リーディングによって、エドガー、ガートルード、グラディス、ヒュー・リンは、他の人に対するのと同じようにお互いにソウルメイトだと立証されてきました。エドガーとガートルードはカップルとして、互いの人生の結びつきを共有しました。そしてその関係は二人を知っているすべての人たちに明らかにされています。ケイシーは生前、二人の結婚は必然だったことと、彼とガートルードがもし夫婦として一緒にならなかったなら、もっと早くに死亡していたことを示唆する夢を見ていました。しかしながら、この人生では、彼のツインソウルはガートルード・ケイシーではなく、グラディス・ディビスであることが明らかにされました！　よく似た展開で、ヒュー・リンと彼の母親が同じようにツインソウルであると告げられました。

ある意味、外形上のソウルメイトの関係とツインソウルの出会いを区別するのは不可能です。ソウルメイトとツインソウルは両方とも二人の間に継続中の結びつきを伴っており、どちらの関係も魂レベルで起きます。そしてどちらも個人の魂が成長する上で役に立ちます。おそらく最も重要なことは、これらの魂の関係は必ず人生で展開するので、どちらの関係も人が探しに出て行く必要はないということです。ソウルメイトとツインソウルの間にある根本的な違いは、ソウルメイトはどちらの個人にも魂の成長を手伝う手段として引き合わされるのに対して、ツインソウルは共通の課題や統一の仕事を行うために努力しようとして一緒になることが多いということです。

ソウルメイトやツインソウルが一緒になる過程を示すため、ケイシーの業績の形成期に最も貢献した4人の過去世についての概要を簡単に紹介します。

ヒュー・リン・ケイシーはとても知的でイエスの業績に対して深い愛と尊敬を持っていると言われました。彼はまた組織と体制を作ることに多大な貢献をし、瞑想に関する研究と心理に関する探求に強い関心があり、アウトドアや自然の中に休息を見出し、そしてとてもコミュニケーション能力に優れていました。彼に最も影響を与えた過去の体験には、エジプトのファラオ、イエスの時代の信奉者、ババリアの戦士であり十字軍の兵士、そして英国の修道士の人生があります。（341−1など）子どもの時、彼は中国で布教する宣教師になりたいという願望についてよく話していました。その願いの一部は、彼はかつて中国でとても充実した生活を送っていて、その時に現在の妻のサリーと親密な関係であったという事実に遡ることができます。彼と彼の妻の間にあるソウルメイトの結びつきはパレスチナ時代にも遡れます。そしてその時二人は兄と妹でした。

ガートルード・ケイシーは芸術と踊りの天賦の才能がありました。エドガー・ケイシーが写真家として働いていた時、ガートルードは彼の写真に一生懸命に色を付けたり修正したりしました。彼女はダンスを学んだ経験はなく、踊りの公演を見たことすらありませんでしたが、子どもの頃やティーンエージャーの頃、ガートルードはよく一人で森へ行って、たくさんの観客の前で自分が演技していることをイメージしながら、何時間も踊ったものでした。彼女の息子の、ヒュー・リン・ケイシーのように、彼女はとても強い精神力を持っていました。彼女に最も影響を与えた過去の生涯には、エジプトの美しい踊り子、ペルシャの遊牧民でヒーラーの養女、ギリシャの哲学者の娘、そしてルイ14世とルイ15世の治世でのフランス宮廷の一員があります。（538－5など）

グラディス・ディビスは、彼女の最大の強さはどんな障がいも乗り越えてそれを自分の成長の「踏み石」にすることだと言われました。彼女は深い信仰を持っていて、彼女の生まれつきの欲求は「多くの人たちに多くの幸福」を与えることでした。（288－1）彼女はエジプトの司祭長の娘、ペルシャの遊牧民の指導者の妻であり「仲間」、そしてルイ15世の時代に私生児を産んだフランス宮廷の若い女性でした。（288－6など）

エドガー・ケイシー自身のリーディングでは、彼は極端になる傾向があると言われました。彼の安定性の主な源はスピリチュアリティとスピリチュアルな成長への彼の関心から来ていました。魂として、彼は多くの人たちにサイキックの情報の有用性を使って、新しい理解と個人的な体験を与えることを運命づけられていました。彼はまた需要の多い医療に関する情報を人々に与えました。彼に最も影響を与えた過去世には、エジプトの高僧、ペルシャの遊牧民で指導者、イエスの時代の信奉者で伝道者、ルイ15世時代の私生児、そ

して18世紀のアメリカの放浪者で狩猟のために罠を仕掛ける職人があります。（294－8など）

リーディングによれば、これらの4人のそれぞれにとっての二つの重要な時代はエジプトの生涯とイエスのいた聖地パレスチナでの生涯です。エジプトの体験では、4人全員が肉体を持って生まれました。しかしながら、聖地パレスチナの体験では、エドガーとヒュー・リンは肉体を持って生まれましたが、グラディスとガートルードはあちら側からそれぞれのツインソウルの「魂の先導者」と呼ばれる役目を果たしました。リーディングによれば、グラディスはエドガーのガイドを果たし、そしてガートルードはヒュー・リンと協働関係にありました。

ペルシャでは、ガートルードはペルシャ人のヒーラーとその妻の養女でした。養父母は現在エドガー・ケイシーとグラディス・ディビスとして生まれ変わりました。20世紀の彼女の生涯は役割の逆転という興味深い影響をもたらし、グラディスは雇われてから、最終的にはケイシーの家へ引っ越して、エドガーとガートルードの「養女」になったのでした。ペルシャの体験で、グラディス・ディビスとエドガー・ケイシーはヒーリング、教育、そしてスピリチュアルの理解のセンターを作る目的――エドガー・ケイシーA.R.E.（エドガー・ケイシー財団）の目的に似た活動――のため、ツインソウルとして一緒になりました。

フランスで、エドガーはグラディスの私生児として短い人生を送りましたが、どうやら王位継承を主張する可能性があったために子どもの頃に暗殺されました。親子の同じ役割はグラディスがエドガーとガートルードの娘だったエジプトでも繰り返されました。リーディングによれば、すべてのこれらの結びつきの観点から言うと、4人それぞれの間にある最大の影響はエジプトで共有した生涯にありました。

エジプトでの体験で、エドガー・ケイシーは人々に多くのスピリチュアルで普遍的な真理についての新しい理解を説く高僧でした。当時、ヒュー・リンは国の統治者で彼の国にさまざまな人々を呼び集める任務を負っていました。彼と高僧のケイシーは神殿の一つで働いていた美しい踊り子を愛していました。そしてその踊り子が現在のガートルード・ケイシーでした。やがてガートルードとエドガーは一緒になって子ども、グラディス・ディビスを授かりました。主にヒュー・リン自身の嫉妬から、彼は高僧と踊り子を国から追放しました。そして彼は自分の失った愛にしがみつく手段として自分自身のためにその子どもを手元に置きました。

当然のことですが、4人の間にあるこれらすべての過去世の関係が現世へ多くの影響を与えました。ヒュー・リンが成長した時、彼は自分の父親に感じていた嫉妬と敵意に取り組む必要がありました。しかしながら、二人の共通の聖地パレスチナでの体験のために、彼らはイエスに対する深い愛情と尊敬を共有していました。グラディスはヒュー・リンへのきょうだいのような愛情と敵意の感情の間で板挟みになることがありました。ガートルードはエドガーよりヒュー・リンに優しくしました。そしてグラディスに親のような感情を抱くことがよくありました。

明らかに、ソウルメイトの関係は現世で取り組む必要がある多くの過去世の体験と衝動で成り立っています。そのために、ケイシーのリーディングは「……個々の実体の持って生まれた権利は意志だ。実体の意志に勝る、衝動も、環境も、状況もない」（2272－1）ということをしばしば人々に認識させました。過去世は無意識の記憶の観点で現在に影響を与えることができますが、個々人はその記憶にどのように取り組むかに関しての選択の自由を保持しています。素晴らしい例として、ヒュー・リンはエドガー・ケイシーをエジプトから追放して彼の高僧としての仕事の息の根を止めましたが、現世で、彼の父親の仕事が存続するように生涯を費やしたのはヒュー・リンでした。

グラディス・ディビスとエドガー・ケイシー、そしてガートルードと彼女の息子のヒュー・リンの間にある現在のツインソウルの関わりについては、この人たちは「目的の一体性」のために集められたのでした。グラディスとエドガーの間の関係に関しては、リーデ

ィングは次のようにアドバイスしました‥

それでは、私の子どもたちよ、これをあなた方の教訓にしなさい。私たちが接触するすべての人たちとの、目的の一体性、魂の一体性、思考の一体性――実体は最終的に一つなので――を認識すれば、すべての人へ向けられた意図が各人の最高の要素を前進させ、すべての力は一つになるという教訓である。この教訓が世界でもっと具現化されるようにするべきである。

288―19

継続しているツインソウルの関係の本質を遡ると、別のリーディングは、二人は「明けの明星が共に歌い、ささやくような風が人間の創生の知らせを運んで来た」（294―8）時から協力してきたと述べています。

同じように、ガートルードとヒュー・リンは言われました‥

このように私たちは、エジプトでの生涯からも示されたように、とても密接なつながりが生じる高揚感に気がつきます。それは必ずしも息子と母親の関係だけではなく、知識の領域、理解の領域、興味のない領域においてさえ、もっと密接な関係にあります。あなたが理解しているように、これらの密接な関係は同じ方向を向いた時に一つになるからです。

538－59

エドガー・ケイシーの生涯で、彼は人々に正確で役に立つ直感的な情報を提供しました。その情報は、数えきれない人たちに、肉体を持つスピリチュアルな存在として、個人個人についての新しい理解を与え続けています。そしてさらに、人生のプロセスを彼らが体験する上で、共同創造の役割を担う力を与えています。明らかに、彼の目的の一つは情報それ自体でした。同じように、グラディス・デイビスの目的の一つは正確に記録してその情報の経過を追うことでした。

グラディス・デイビスがケイシーの秘書として雇われる前は、リーディングは必ずしも記録されておらず、未来のために必ずしも蓄積されていませんでした。ケイシーはリーディングを1901－1944にわたって行いましたが、エドガー・ケイシー財団のファイルにあるリーディングの約95パーセントはグラディスが1923年に雇われた後に、彼女によって記録されたものです。

ガートルード・ケイシーは、彼女の夫の仕事をサポートして彼の人生のバランスの源になることに加えて、リーディングを行う上での指揮者的な役割を務めました。彼女の役割は、家族に安定をもたらす力であるのと同じように、リーディングのプロセスに安定をもたらす力でした。同じように、ヒュー・リン・ケイシーは彼の父親の組織を安定的に成長させる力になりました。

エドガー・ケイシーが1945年の1月に亡くなった時、A.R.E.の活発なメンバーはおよそ300人でした。また当時印刷された本はトム・サグルーの『*There Is a River*』(『永遠のエドガー・ケイシー』)だけでした。そしてその本は主にヒュー・リン・ケイシーがそのアイディアに関与したおかげで生まれたのでした。1944年5月、当時、A.R.E.はエドガー・ケイシーに個人的にとても献身的なサポーターによるできたばかりの集まりに過ぎなかったのですが、ヒュー・リン・ケイシーはその組織の将来を見据えた構想を描きました。それは彼が第二次世界大戦の間にまだ海外で兵役に服している間に書かれました。その財団に対する彼の目的には多くの非現実的なゴールも含まれていました。それらのゴールは次のようなものです。総合雑誌の発行、継続的な講義と会議のプログラム、全国的なディスカッション・グループの形成、ケイシーの情報のあらゆる段階の本の出版、世界でもっとも素晴らしい図書館の設立、テーマごとにケイシーのリーディングの完全な整理、そして人々にリーディングからの実用的な支援を与える能力を備えること。ヒュー・リン・ケイシーが1982年7月に亡くなった時、その組織に対する彼の目的は実現されていました。その時までに、A.R.E.はその本部を大幅に拡張していました。そして国際的な範囲に広がり、会員は世界中で何万人にも成長し、彼の父親の人生と業績について、文字通り何百冊もの書籍やその他の資料を利用できるようになりました。

ほとんど論じられていませんが、ヒュー・リンは、彼を育てた時の母親の役割と父親が他の人たちへ奉仕する時に果たした母親の重要な役割を強調することがよくありました。彼女が亡くなった年は第二次世界大戦中で、彼はまだ海外にいました。彼の母親が病床に臥していた時、ヒュー・リンは手紙で彼女への思いをつづりました‥

あなたの息子だったことがどんなに楽しかったのかあなたに分かって欲しいのです。何度も、私はあなたが、多くの人たちを押しつぶしてきた問題、状況に直面し、それらを乗り越えて（重要なことは）他の人たちを支えたのを見てきました。これらのことをエドガー・エバンス（ヒュー・リンの弟）と私は忘れないでしょう。人々に見られる外面ではなく、厳しい状況が起きている裏側で、これほど多くの人たちへの助言を任された人はほとんどいません。これらのことを私はよく分かっていて、決して忘れません。あなたがエドガー・エバンスと私にいつも見せたような、二人の人間への無私の愛情を私は他では決して知りません。これもまた、私は決して忘れません。こういうことは枚挙にいとまがありません。

あなたのことを思うと誇らしくなります。あなたがあの向こうのドアを通り抜ける準備ができているのを知って私はとても幸せです。私の愛するお母さん、あなたの生き方はとても美しかったので、あなたがお父さんと一緒になると思うと私は悲しくありません。あなたは地上にいた時に彼の右手を支えました。時には両手も。だから彼があなたを今必要しているかもしれないことは、私を驚かせません。

お母さん、私たちは他の人たちに長期間にわたって説明してきたように、カルマを理解するようになりました。あなたの人生はとても素晴らしく美しいので、私は自分勝手な欲望であなたの死の邪魔をしてはならないことに気がつきました。

私の愛するお母さん、あなたが苦しまないことを祈ります。これまでも、今も、そしてこれからもずっと、あなたは多くの愛に包まれています。

ヒュー・リン538－9　レポートファイル

1945年4月1日7時、イースターの朝、ガートルードは、2日前に書かれたこの手紙を読むことなく、亡くなりました。グラディス・ディビスは1986年2月に亡くなりました。彼女はそれぞれの生涯での重要な仕事を終えた4人の最後の人でした。必然的に、彼らのそれぞれの間の関係は、ソウルメイトであろうが、ツインソウルであろうが、未来へと続くでしょう。彼らの魂は、再び彼らを結びつけるでしょう、魂がお互いに支え合うことを目標にし、未来のために必要なことの達成を望んで。

Part 8

孤独の本質とその解消への
リーディング・アドバイス

私が生きてきた人生は始まりも終わりもない物語のように思える時がよくあります。私は歴史の一片であり、前後の文が見つからない抜粋であるような感じがしました……私が何世紀も前に生きてきて、そこで自分がまだ答えることができていない疑問に直面したこと、そして私は自分に与えられた課題を果たしていないために再び生まれなければならなかったということが容易に想像がつくのです。私が死ぬ時、私が行ったことは私についてくる——そのように私は思っています。私は自分が行ったことを一緒に持って行くのです。とりあえず、死ぬ時には手に何かを握っていることが重要なのです。

カール・ユング 『思い出・夢・思想』

孤独で友人、話し相手、あるいは結婚相手を探している人々に与えられたリーディングについて最も興味深いことの一つは、ケイシーは彼らにその相手をどこで見つけられるかを決して言わなかったことでした。その代わり、その情報がフォーカスしたのは、一人だけの時間には何かがあるということでした。しばしばリーディングは孤独を個人的な成長と癒やしをもたらす期間であると同時に、恵まれない人たちへ手を差し伸べる期間でもあると考えていました。

あらゆる種類の孤独で苦しんでいる人たちは、自分の独自の才能や能力を見つけ、その中で他の人たちを助けることができる方法を見つけるように告げられることがよくありました。ケイシーは個人がこれらの方向へと努力をするなら、人との関わりが必ず引き寄せられると信じていました。

結婚相手を見つけ孤独を解消しようとするクライアントへのリーディング・アドバイス

ある例では、離婚した29歳の女性はいつ彼女は再婚できるか、そして彼女は未来の夫に会えるかどうかについて心配していました。ケイシーは彼女が結婚のことばかり考えないようにして、自分の肉体や精神の健康そして自身の中で達成しようとしていることにもっと関心を持つように告げました。「先ず、自分自身の中に何かを達成すること！　今現れているかもしれない人間関係、神と自身の関係を理解しなさい！　そして理想を見つけなさい！」（5615－1）

別の例では、39歳の未亡人が結婚する機会があるかどうかを知りたいと思ってリーディングを受けました。彼女の夫がアルコール依存症で亡くなった後、彼女は孤独で人生の方向性を模索していました。当然のことですが、彼女は自分自身のニーズにフォーカスし、その過程で自分自身の孤独を解消して幸せになろうとしていました。ケイシーは彼女に――次に男性と付き合う時は――彼女の取り組み方を変える必要があると伝えました‥

誰かのために何かをしなさい！　彼らの人生を幸せにしなさい、彼らの人生を価値あるものにしなさい、そうすると、他人にしたのと同様の体験をすることになるだろう！　もしあなたが生命を欲しいのなら、もしあなたが友人を欲しいのなら、もしあなたが愛を欲しいのなら、あなたはこれらのものを費やさなければならないという意識に変わらなければならない。というのは、あなたが与えたものだけをあなたは所有することになるからだ。

1786－2

また別のケースでは、48歳の未亡人が次のような手紙を送ってきました。その一部は‥

私は未亡人になって15年経ちます。私はいつも忙しかったのですが、私の魂はとても孤独でした。そして交際相手を強く望んでいました。私の人生には多くの男性が登場しましたが、どういうわけか、結婚したいと私が思う理想の男性には巡り会いませんでした。私はもう一度結婚するかどうか教えていただけませんか？　これが、私があなたからの助けが必要なテーマです。お願いできますでしょうか？　私はきっとあなたから連絡があると思うので、いつ私がリーディングを受けることができるのか教えてくださぃ……。

1940－1　レポートファイル

リーディング中に、ケイシーは彼女の孤独は幾つかの状況によって引き起こされていると言いました。彼女は「バランス感覚があり、身体的魅力があり、精神的にも素晴らしい」にもかかわらず、彼女はまたカッとしやすい性格で、他の人への話し方を後悔することがよくありました。彼女は溢れんばかりの才能と能力を持ち、それがずっと彼女の心の支えになっていました。幾度となく彼女は自分の人生の体験を他の人たちのせいにしました。リーディングは彼女が自分のことに責任を持ち、人生のベクトルをもっと建設的な方向へと変える必要があると提案しました。彼女はポジティブな方向へ自分の能力を使い、彼女の理想にフォーカスして健康を保つように促されました。彼女がこれらの提案に従うなら、彼女が求める恋人を含めて、彼女が人生で必要なすべてのものは彼女に引き寄せられるでしょう、と。

ケイシーに「私が結婚する男性はどこにいますか？　そしてどのように私は会いますか？」と尋ねた24歳の女性には、「これはあなたの社会生活や日常生活での付き合いの自然な結果であるべきです。あなたが家庭を作る義務を果たすために、あなたの身体、あなたの心が十分に準備できた時、その男性は現れるでしょう」。(951－4)

交際を求めている46歳の男性は、まだ彼にはすべきことがあることを気づかされました。彼は「もしあなたが自分自身と上手く生きることができないなら、あなたは他の人と上手く生きられますか？」という質問をよく考えるように言われました。(5392－1)

68歳の大学教授は自分には有意義な友情や交友関係がないことに不満を訴えました。そして彼はどうすればその状況を改善できるのかを尋ねました。というのは、彼はあまりにも長い間孤立した生活を送っていたからでした。ケイシーは彼に「ですから、人を引き寄せるために、あなたが与えなければならないものを必要としている人々にあなた自身から与えなさい」とアドバイスしました。（３０５６－１）45歳の女性が「私の孤独に対する最も良い取り組み方」を知りたいと思った時、彼女は「いつも楽天的にして、いつもあなた自身より困った状況の人たちを助けなさい。そのような人は何百万人もいます！」

26歳の女性の主な望みは結婚して家庭を持つことでしたが、彼女は現在他に活躍できる分野が多くあることも認識していました。リーディングは彼女が作家、教師、秘書、牧師の才能を持っていて、人に勇気を与え、人にやる気を起こさせる才能がある、と告げました。彼女は結婚の機会が現れるまで活躍できる分野を選択するように勧められました。ケイシーは「現在あなたに与えられている才能を使いなさい。そうすると、神の祝福、神の恩寵、神の慈悲、神の愛が孤独の恐怖、失望の恐怖にあなたが遭わないようにするでしょう。そしてあなたの仲間の人たちへの奉仕に喜びと歓喜をもたらします」と提案しました。（９４５－１）

一人きりになる恐怖を訴える女性へのリーディング・アドバイス

ある45歳の女性は、戦争で家族が亡くなって16歳の娘しか生き残らなかったため、娘が家を出る時が来たら失意のどん底に陥るのではないかと恐れていました。彼女はエドガー・ケイシーに、彼女が一人きりになる恐怖について、何かアドバイスをしてくれるように頼む手紙を書きました：

このすべてが一つのことにつながっていくように思えます。私はとても孤独です、そしてもう2年ほどしたら私は娘のために家庭を築いたり、導いたり、愛したりもできなくなる。私の何が悪いのでしょうか？　私は魅力があって、チャーミングだとかいろいろ褒められますが、社会的には私はこんな失敗者です。もちろん私は若くないです。そしていろんな異性のパターンを選択できるのは若い人たちだけです。私の知っている男性はみな結婚しています。私に関心を持つ男性はいつも恥ずべき意図を持っていました。時代遅れのようですが、お酒をたくさん飲んで、道徳心を失うのは御免です。心の奥底では、私は正しいと思っています。私にはそんなことはできません。

そうすると私は自身の自尊心を失ってしまうでしょう。私は人に気に入られるために高い代償を払いたくないのです。私はこのまま一人で、孤独で、惨めで、幸福が私のそばを通り過ぎていくのでしょうか？　少しでも希望の光はありますか？

5278－1　レポートファイル

ケイシーはその女性に、彼女が他の人たちと分かち合うことができるものをたくさん持っていると言いました。日常生活の心配ごとは気にせず、彼女の持っている才能を使って、人々を手助けすることから始めるように勧められました。リーディングは、先ず小人数のグループを集めることから始め、グループ全員がお互いに才能を共有する、あるいは彼女自身が形而上学のクラスを教え始めるよう勧めました。ケイシーは、彼女は先天的に人を楽しませる人でとても話し上手だと言いました。彼女はまた神秘的で、未確認の不思議なことについてとてもよく知っていました。人を楽しませる才能と他の人たちを奮い立たせる能力はギリシャの生涯からもたらされました。聖地パレスチナで、彼女は人生の謎について研究熱心なヒッタイト人でした。彼女の「私の人生の大きな空白を埋めるにはどうしたらいいですか？」という問いに対して、ケイシーは「示唆されたことを読み取りなさい。どちらの方向であっても、あなたが提供できるもので、個々人の人生で切望されるものを与え始めなさい」と答えました。

「あなたを抑圧する唯一の人間はあなた自身である」このことに気づくよう促された女性のケースなど

ある若い女性は思い通りに自己表現することを自分で抑圧することが多かったために、疑い、恐れ、そして孤独の期間を体験することがしばしばあると言われました。彼女は自分自身を抑圧することを止めるように、彼女自身を抑圧する唯一の人間は彼女自身であることに気づくように、そして彼女自身の才能を表現することを始めるように促されました。（１９６８－５）彼女が結婚して二人の子どもを持つまでに10年かかりましたが、彼女自身の説明によれば、彼女はとても幸せで、理想の配偶者を見つけるのを待ったことをとても感謝していました。彼女はグラディス・ディビスに「私たちはお互いを見つけるために人生の後半まで待ったことで、もっと若い頃に結婚したよりも、さらにいっそう結婚生活のありがたみを感じることになったと思っています」と書き送りました。

54歳の主婦の場合、ケイシーのリーディングによると、彼女の孤独は自身の内面を向くように潜在意識が促している結果であるとのことでした。その女性の告白によれば、彼女は孤独感に苛まれており、そして周りの人たちから誤解されていると感じていました。彼女は書くこと、特にティーンエージの少女向けの物語や本を書く才能があると言われました。彼女のまだ活用されていない、魂レベルで持っている才能や能力を使えば使うほど彼女の孤独は軽減されるだろうとアドバイスされました。（2992－1）

同じように、別の女性のケースでは、彼女の孤独感は、彼女が自分のエゴや能力をしばしば抑圧したことが一因であると言われました。その抑圧は肉体的アンバランスを彼女の身体に引き起こしました。それは彼女のうつ状態を悪化させ、彼女は「誰も自分に特に気を遣ってくれない、そして自分自身も誰にも特に気を遣わないという、人から遠く離れている、孤独である」という感情を抱きました。（3102－1）ケイシーは、彼女に身体問題への助言を与え、肉体と心のバランスを取るように励ました上で、「心は建築家」であり、彼女の考えが心と肉体の状態に継続して悪影響を与えているということを注意しました。

ある女性がケイシーにリーディングを求める手紙を書きました。「私は全く身寄りがありません。55歳で一人きりで老いています。私が家族生活、愛そして仲間を切実に必要な時……私は世界中に笑顔を浮かべています。私は聖歌隊のソリストでいつも感動的に歌っていますが、私の心の中では私は独りぼっちの小さな子どもなのです……」（5124－1レポートファイル）リーディングの中で彼女は、他人の意見によって自身の才能、願望、そして嗜好を、あまりにも頻繁に抑圧してきたと告げられました。この抑圧が行き過ぎていたので彼女は自身の個人的な成長を妨げてきたのでした。彼女がやるべきだと思うことに取り組み始めて、自身の人生での関心のあることを追求するなら、彼女は結婚相手を見つけるでしょう。彼女が自分の感情とやりたい活動を抑制し続けるなら、彼女は一人でいることになるでしょう、と。

別の例では、37歳の主婦は彼女の孤独感は「実体に最も近い人々からでさえ」正しく評価されておらず、十分に理解されていないと感じていることが一因であると言われました。彼女は魂の理想と協力して、信頼感を自身の中に育てるように言われました。それによって彼女は、自身を表現することをもっと快適だと感じ始めることができます。（2170－1）

50歳の女性は、子どもたちが成長して家を去ったために孤独であることに気がつきました。リーディングを頼んだ理由の一つは彼女と夫はもっと小さな家に引っ越すべきかを尋ねるためでした。ケイシーは彼女に、場所を変えることは彼女にとって良いことかもしれないが、孤独を乗り越えるためには、他の人たちを助ける方法を見つけることが必要だと言いました。彼女の愛する人たちと連絡を取り続けることに加えて、すでに親しくなっている人たちへの助けになることができる方法を見つけるように促されました。(79—1)

42歳のアーティストは、彼女の過去における多くの生まれ変わりの中で、間違った相手と結婚したことが「混乱をもたらし」、無意識に結婚を遅らせていると言われました。彼女は子どもたちとの芸術的な活動を続けるように促され、そうするとやがてふさわしい関係が現れると希望を与えられました。孤独に感じる時に彼女がすべきことは、最終的に彼女は一人ではないということに気づくことでした‥

さらに、自分自身を分析し自身の問題を分析する上で、今ここで学ばなければならないことがあることに気づいてください。そしてあなたが神と一つになるという目的を持ち続けるなら、あなたは決して一人ぼっちにはなりません。というのは、神は

「私はあなたから離れない――私はいつもあなたと一緒にいる」と約束しているからです。そしてあなたが神を求めている時に――何度も何度も――「恐れるな、あなたは私だ」という内なる声を聞くかもしれません。

２３９７－１

自分はなぜ孤独を頻繁に感じるのか、そしてなぜ友人がほとんどいないのか理由を知りたいと思った女性は、実際に多くの友人がいるにもかかわらず、誰とも真の友情を育てていないと言われました。ケイシーは、単に彼らを社交的な観点や日々の生活の視線で見たりするのではなく、彼女が求めるのと同じ愛を彼らに示すように彼女に勧めました。彼女ほど幸福ではない人は多くいて、彼らに大きな助けや支援を与えることができれば、お返しに、彼女は探している愛を見つけるでしょう。（２４０１－１）

自分の問題の一つは自意識が強すぎることだと言う男性は、その問題を克服するために「自我を忘れて誰か他の人のために何かをすることに夢中になりなさい！」とアドバイスされました。（５４２０－１）彼がどうしたら結婚するにふさわしい女性を見つけることができるのか知りたいと思った時、彼は「女性が求め、女性の理想に値する人にふさわしい態度で活動して生きなさい。そうすれば実現します」とアドバイスを受けました。

36歳の女性が、孤独を感じ人生に興味を失いリーディングを求めました。彼女は、自分の仕事の業種に満足しておらず、「満足のいく、役に立つ、そして幸せな生活のようなもの……」を見つける方法があるのか、「愛と結婚と自分自身の家庭を持つこと」を望むことができるのかについて知りたいと思いました。

ケイシーは、彼女は「とても些細なことに」神経が高ぶるのですが、彼女はとても楽しい人だと言いました。彼女はクリエイティブアート、書くこと、演じること、そしてラジオに関しても才能がありました。彼女は過去世で子どもたちに関わる活動や他の人たちを楽しませることに頻繁に関わってきました。

しかしながら、ほとんどの場合、彼女の人生は彼女の創造性を活用していませんでした。ケイシーは彼女自身をより表現できるクリエイティブな方法で仕事を探すように提案しました。リーディングは彼女がもっとふさわしい仕事に就くようになると、相手が彼女に引き寄せられると断言しました。彼女が具体的にどう行動すべきかについて尋ねた時、ケイシーは次のように答えました：

実体だけのためではなく、世界を人々が生きるためのより良い場所にするために、

あなたがより大きな恩恵になることを選択して実践できるよう、毎日お願いし続けてください。

5248－1

普遍の法則「似たものは似たものを引き寄せる」！

リーディングでこう言われた人たちもいました。孤独は個人的な内省、成長、そして他の人たちに援助の手を差し伸べる時間であることは確かですが、他の人たちへの反応や態度によって自分自身の孤立を無意識に作っているケースがあると。例えば、靴の仕事に関わっている49歳の男性は循環器系の病気に対する肉体のリーディングを受けました。ケイシーが情報を与えた後、その男性は「私の性格の何が原因で友情が長続きしないのでしょうか？」と尋ねました。彼は批判的な心とカウンセラーの才能の両方を持っていると言われました。結果として、人々は彼に引き寄せられることがよくあります。しかしながら、彼らが彼に意見を聞いた時、彼の「分析」は批判的過ぎでした。ケイシーは人々が助けを求めて彼の所へやって来る時はいつでも、それはいかに彼が多くのことを知っているかについて満足するのではなく、本当に他の人たちへの助けになろうとすることに焦点を合わせるべきなのです。

51歳のアーティストはしばしば正しく評価されていないと感じていましたが、他の人たちへの感謝の気持ちを育てるように促されました。

ケイシーは彼女が外に出すものは何でも最終的に彼女に戻ってくると話しました。彼女は人生におけるスピリチュアルの基本に気づき、彼女はまた次のような祈りを使うように勧められました‥

主よ、あなたが私にしてくださったように、他の人たちの人生において私にその役目を与えてください。そしてそれによって他の人たちに生命はあなたのもの、あなたの中にあることを気づかせてください。

エドガー・ケイシーは彼が「似たものは似たものを引き寄せる」と呼ぶ普遍の法則の働きを説明しました。簡単に言うと、人は自分が出しているものと同じものをいつも引き寄せているということです。この法則のネガティブな面を体験するのではなく、ケイシーは人々に、他の人の扱い方について注意し、そのお返しとして受けたい同じものを、他の人たちに与え始めるように勧めています。

そしてあなたが調和を体験したいのであれば、他の人たちのために同じ調和を育みなさい。あなたが友情を体験したいなら、あなた自身が友好的であることを示しなさい。あなたが他の人に良く思われたり、良いことを言ってもらったりする経験をしたいならば、みんなに愛想良くなりなさい。あなたが最高の人たちや内なる神に奉仕するのと同じように、弱い立場の友人や仲間に対応するように。

２０２３−１

11歳の娘を持つ親は、娘が自分自身を好きになる（それは本当に才能なのですが）のと同時に他の人たちに対して良い友達になるように促す必要があると言われました。その少女は批判的になり過ぎる傾向があって、もしそれを直さないと、その性格が後に彼女を孤独にするのでした。リーディングは両親が価値ある教訓を彼女に教えるようにアドバイスしました。「他の人からあなたの欠点や至らない所を最小にしてもらえるように、他の人たちの欠点を最小にしなさい」。（２６４８−１）

別の女性は、自分自身や自分の能力を過小評価する傾向が孤独の大きな原因だと言われました。彼女はかつてローマでの生涯で守っていた霊的な信仰を取り戻すように促されま

した。彼女が霊的な信仰にフォーカスすることで、彼女は自信を得て彼女の孤独を克服するでしょう、と。（2803—2）

30歳のパイロットは、彼の孤独は、彼が他の人たちへ愛を与えることをためらい過ぎるという事実に起因していることが多いと言われました。彼は彼自身が孤独な時や混乱状態にある時にどのように他の人たちに接するのか、特に意識するように勧められました。ケイシーは、彼が出した感情のすべては彼に戻って来るということも気づかせました‥

あなたが友人にフレンドリーになって欲しいなら、フレンドリーになりなさい。あなたが愛して欲しいなら、他の人たちを愛しなさい。希望を持ちたいのであれば、他の人たちが希望を持てるようにしなさい。希望が失われる時や、自分自身が抑圧されていると思う時があるかもしれないが、他人を非難しないように。というのは、あなたが許す時、あなたは許されるのです。あなたが希望を表す時、働く時、あれや、これや、特性を表す時に、それはその報酬をもたらします。——もしあなたが真実のスピリットで行動するならば。

3184—1

ある経理担当者は、ケイシーのリーディングで、彼女の孤独の原因は、彼女の頭の良さと皮肉を言いがちな性格のためであると指摘されました。どうやら彼女は他の人たちが自分に批判的になるのをとても恐れて、批判から彼女自身を守るために、皮肉っぽい言い方をすることが多かったのでした。ケイシーは彼女の人生に新しい展望が開けるように、彼女の知的能力のベクトルを変える必要があると言いました。

粘り強く着実に、彼女が人々に対応する方法を変えることができるなら、人々は彼女に対応していた方法を変えて、彼女はもはや孤独に悩む必要はないでしょう、と。（5098－1）

孤独のルーツが過去世での体験に端を発しているケース

いくつかのケースでは、人の孤独のルーツは過去世の体験に端を発していました。ある公務員の例ですが、彼女は他の人たちと一緒にいる時に孤独を感じることがよくあり、たくさんの人がいる部屋にいる時ですら孤独を感じることがありました。彼女の気持ちの一部は十字軍時代の過去世に遡ることができると言われました。どうやら、その時、「家庭を維持する」ために、彼女は家族がよそへ行っている間、家に残されることがよくあったようでした。リーディングは、彼女が同じ孤独を現在も感じる時、それを自己の内省のための内なる促し、あるいは、彼女自身のインナーセルフを探す機会と考える必要があると示唆しました。（1183－1）

34歳の女性は、彼女の孤独の原因は、他の人たちに対して自分自身が心を開かないためでした。結果として、彼女は自分の殻に閉じこもって孤独を感じることがよくありました。そして「周りに人がいる時でも、一人でいる時よりも孤独を感じていたのです」。リーディングは彼女が心を開くのをためらう原因は過去世の体験にあることを突き止めました。それは、彼女が失恋で苦しみ、「失望や肉体の苦痛をもたらす人をもう二度と愛さない」と心に誓った時の体験でした。彼女は他の人たちにもっと愛情を示して周りの人たちと友情を育て始めるように促されました。そうすることで、彼女は自分自身の愛のニーズを満たすだけではなく、彼女の愛を必要とする人たちを助けることにもなります。（1747－3）

31歳の離婚の経験のある女性は一人でいるのがとても怖いので、一人でいるよりも「必ずしもその実体の好みというわけではない人たちと」付き合うことがよくありました。かって結婚した相手は「まったく不道徳で無責任な」牧師だったのですが、一人でいる恐怖は結婚の失敗のためだけではありませんでした。リーディングは彼女の最近の過去世で彼女は探検隊の一員であり、他の人たちが母国に帰った時に、不注意で置き去りにされたと指摘しました。これらの恐怖は彼女自身に向きあって自身の内面を見つめることによって克服されるかもしれません。（958－3）

53歳の男性は人を愛して人のそばにいることが好きでしたが、彼が近づくと人はいつも彼から離れて行くように感じていました。群衆の中にいても、彼は孤独を感じることがよくあり、他の人たちが彼から去っていくのを感じていたために、彼は自分自身が他の人たちから去っていたのでした。ケイシーはこの状況は彼がサクソン人だった時に始まったと言いました。当時、彼は、人々から尊敬されるのが好きでした。「実体は仲間から尊敬されていました。そして尊敬されることが好きだったのです！　しかしそれをより良い奉仕のために使うのではありませんでした。あなたは尊敬されることがとても好きだったために、他の人たちから忘れ去られたのです」。（3544－1）

孤独の原因が過去世、育ち方、あるいは肉体の状態と精神の状態のいずれであっても、ケイシーのリーディングは問題の解決に同じ態度を取りました。ある47歳の女性は彼女の孤独とうつの感情の一因は、消化不良による医学的な不具合で起きたと言われました。彼女に消化不良を助ける薬の名前を教えることに加えて、ケイシーは彼女に自分の心の中に持っている力強い潜在的な可能性に気づかせました。彼女は自分以外の創造物とのつながりと自分以外の創造物への「償い」を意識するように促されました。これらのことを同時に行うと「身体を通して反映される、より身体的な健康と心の状態をもたらすだろう」。（1100−34）

あるカイロプラクターは妻との間に難しい問題を抱えており、彼の子ども時代の体験がどれくらい「普通で、幸せな結婚」の障がいになっているのかを尋ねた時、ケイシーは次のように答えました：

個々の実体の意志次第である。というのは、あなたが子どもの時、あなたは子どもとして考えていましたが、大人になれば、子どもじみたものを捨て去るべきでした。そして他の人たちを責めるべきではありませんでした。なぜなら、それぞれの魂は実体、肉体、心、魂だからです。もし実体が自由意志として周りの状況にスピリットの果実を適用するなら、実体は自身を神に同調させることができます。実体がそれらを悪用するなら、実体は報いを受けます。まさにあなたが今の自分を見ているように。木が成長するにつれて、あなたはその果実を収穫し、その木を使い、望みの形にするのです。各実体は教えられるように、成長します。実体はそのような複合的な性質を持っているのですが、実体自身の個性も持っています……。

４０８３－１

そのカイロプラクターは「青春時代の体験が、普通で幸せな結婚をする能力を奪ったのですか？」と質問を続けました。その返答は「既に与えられたものを読みなさい。あなたの問題のすべてはあなた自身の中にある」でした。彼が「精神分析的に言えば、実体の精神年齢はいくつですか？」と尋ねると、答えは短く「2か月ほどかな」でした。

ある少年の親は、息子は人生で孤独な時期を体験する傾向があると言われました。ケイシーは、そのような状況になれば、音楽に触れるように勧めました。それは彼の魂に感動を与えて、孤独の期間を乗り越える助けになるからでした。（３２０１－１）

人々が伴侶を探している時、リーディングは彼らが何を探しているのかについて内省するように求めました。彼らが感情や肉体の欲求を満足させる人を探しているなら、その時彼らは結婚で幸せにならないだろう。そうではなくて、結婚のための最高の動機は、自分がその相手を助けることができ、そしてその相手からお返しとして自分が助けてもらえる人を見つけることです。ケイシーのリーディングの観点からは、真実の愛は感情だけではなく、他の人たちへの奉仕の中で無私になることです。真の愛は似通った相手というよりは、お互いに「より有益で、より持続的で、より……豊かな人生」を体験させてくれる相互補完的な相手を見つけることなのです。（364―7）

21歳の女性が彼女の未来の夫はどんな仕事についているのか知りたいと思った時、リーディングは彼女に「彼が街の清掃人でも大統領でもあなたは彼を見分けるでしょう。あなたが選ぶのは仕事の種類ではなくて、心が心にそして体が体に答えるようなものだ」と言いました。（308―13）

38歳の男性が結婚することが望ましいのかどうかを尋ねたところ、ケイシーは「あなたが相応しい人を見つけるなら、結婚はいつでも望ましい」と答えました。彼が「私が最終的に結婚する女性にすでに会っていますか？」と尋ねた時、その答えは「それはあなた次第です。あなたは結婚する可能性のある何人もの人に会っています。あなたは結婚したいですか？」彼がその女性の名前を明らかにして欲しいと頼んだ時、ケイシーは、それは彼自身の心の中でするべき選択だと言いました。彼は10か月しない内に結婚しました。（622－7）

最後の例は、37歳の女性が、夫を見つけるために自分が好きだった仕事を辞めたケースです。友人はその女性に、こうアドバイスしました。彼女のキャリアは、子どもたちの家で子どもたちの世話をすることですが、その仕事は創造主が彼女に託した多様な才能に見合っていない、と。その年の5月に彼女はリーディングの機会を得て、独身でいることを運命づけられているのか、あるいは結婚するチャンスがあるのかどうかを尋ねました。彼女はまたニューヨークにある彼女の家を出るのがベストなのかを知りたいと思いました。

リーディングは彼女に、自分の人生を単に子どもたちの子守りとして考えるのではなく、自分の人生の目的に焦点を当てるなら、「3年以内に」彼女は大いなる喜びの機会を持つだろうと言いました。その代わり、彼女は「教師、仲間、指導者として、若い人たちの魂だけではなく、若い人たちの思考そして肉体を導く者として」（2988－2）の重要性に気がつくように言われました。また、彼女はニューヨークにとどまることが彼女にとってベストになるだろうとアドバイスされました。そのリーディング後も女性の孤独は解決されませんでしたが、彼女は夫を見つけることに気を取られることなく、子どもたちの世話をする仕事に戻ることができると思うと、安堵感を覚えました。

1か月後、その女性はデパートで以前の雇い主に偶然出くわしました。その家族は彼女に代わる人を見つけることができていませんでした。それで、彼女に「どうか、私たちのために戻ってください」と懇願しました。彼女はエドガーとガートルード・ケイシーに彼女の新しい展開を知らせるために手紙を書きました。「このようにして、私は今日4週間前に去ったばかりの自分の元の職場に戻ります。私は物事や自分の仕事に楽しい展望を持った新しい人として復帰するのです」。

何年間もその女性からは何も連絡がなかったのですが、ようやく彼女はフォローアップレポートを含む手紙をグラディス・ディビスに書きました‥

親愛なるグラディス、

……あなたが私を「探していた」ことを知って私はうれしくなりました。しかし私はニューヨークを離れたことはありませんでした。どうして私がニューヨークを離れられるでしょうか？　ケイシーのリーディングは——ニューヨークとその周辺で——私は「夫」を見つけるだろう――と言ったのです。そしてリーディングによれば、それは１９４６年頃のはずで――私たちが出会った１９４８年ではありませんでした。しかし、いつものようにリーディングは正しかったのです。２年違ったのは私たちのせいでした。その後、私たちがケイシーのリーディングについて話している時、私たちは二人とも１９４６年に私たちが巡り会うことになるポジションを断っていたことに気がついたのでした――やっぱり――そうなのです――だから私はここにいるのです

２９８８－５　レポートファイル

――ミセス［２９８８］……。

ケイシーはまたもや正しかったのです。

Part 9

受胎と魂の引き寄せ

しかしながら、普通の男性や女性にとって親になることは魂に対して水路を開けることです。魂は水路が開かれる瞬間の親の心がけ次第で、両親の人生を向上させたり、不幸にしたりします。これは驚くべき洞察であり、カバラについて何も知らない人々や生まれ変わりを否定する人々は、生殖活動をすることにより、ギャンブルで人生を賭けているようなものです。

ラビ・フィリップ・S・バーグ博士
カバラ・インターナショナル研究センター所長

エドガー・ケイシーは、人が行う最も重要な奉仕の一つは、地球にやって来る魂の親になることに同意することであると、繰り返し述べています。多くの人たちはまた、彼らの魂の目的の一つは家庭、家族、そして子どもたちを育てるための環境作りをすることであると助言されました。ケイシーはかつて「実体の果たすべき最も大きな役割は、魂が物質世界へ出現する方法を見つける水路になることです」と言いました。（480－30）

ケイシーは子どもを育てるにあたって両親に任せられた重要な役割があることは認めていますが、リーディングは、それ以上に生まれてくる特定の子どもたちを引き寄せることに実際に責任があることを示唆しています。確かに、魂の引き寄せは、親と子の前世の体験、そして親が現在与えることができる環境と教育のような要因によって決まります。しかしながら、リーディングは、受胎の瞬間や妊娠のすべての期間の両親の理想と目的が、最終的にその家族に生まれることを決める魂に深く関わっていると述べています。そのため、ケイシーは妊娠中の親たちが適切な準備と態度を持つなら、地上に光、愛、そして希望をもたらす魂の水路になる機会が与えられると言いました。

リーディングによれば、妊娠している親の考え方、気持ち、そして行動が、波長やエネルギーの場の形を作ります。そしてそれがその波長に親和性を持つ魂を引き寄せます。どうやら、特定の魂は、特定のレベルの波長に引き寄せられるようです。親は、魂の出現のために、入って来る魂の成長（そしてその結果として生じる教訓）に何らかの形で「調和」している物理的な水路を提供します。ケイシーがリーディングを与えている時、親、特に妊娠している母親は、いつも明るく、希望に満ちて、スピリチュアルな物の見方をし、元気になるようなもの、考え方、そして行動で心を満たし、妊娠期間中の自分自身のスピリチュアル・ライフをなおざりにしないようにといつもアドバイスされました。

妊娠している女性へのリーディング・アドバイス

24歳の妊婦が、妊娠と胎児についての一連の質問をした際、魂を引き寄せるプロセス中の親が持つ影響がはっきりと説明されました。彼女が「これからの数か月間、いつもどういう心構えでいるべきですか？」と尋ねた時、その答えは‥

どのような性格の実体が望まれるかによって違う。さらなる美しさ、音楽が実体の一部になることを願うなら、芸術など。あるいは、純粋に機械に興味を持つ実体を望みますか？　そうであるならば、機械について考えなさい、機械的なマインドで働きなさい。そして、感銘を受けたことが入って来る魂に機会をもたらすので、こういった対応に効果がないとは考えないでください。

すべての母親が知るべきことがあります。態度の持ち方が、その特別な期間に水路を通って入って来ることを選択する魂の性格と大いに関係があります。これは「もしあなたが私を愛して私の戒めを守るなら、私はあなたを愛します——神はすべての人の魂に宿っているので、あなたが他の人に対してしていることは、良いことも悪いことも、私に対してしているのと同じなのです」という態度として示されてきたのと同じことなのです。これは奇妙に思えますか？　それとも神の創造のプランに一致していると思いませんか？　そしてこれらの期間の間に保たれた態度が、顕現を求めている魂のタイプや性格を決める機会を与えます。

2803－6

彼女が「現在私が家の外で働くことは、子どもを傷つけますか？」と尋ねた時、ケイシーは彼女が妊娠の「形成期」に果たした重要な役割を彼女に思い出させました‥

したがって、それはあなたがどういう性格の子どもを持ちたいのかによります。普通の仕事をする人、物質志向になる人、お金儲け・地位・あれやこれを求める人？　これは必ずしも表面上の姿勢ではなく、引き寄せられる実体の魂の奥深くにある真に天から授かった姿勢です。

別の例で、34歳の妊娠中の母親は、彼女と夫が妊娠中に取る態度が、彼らが地上にもたらす子どもの本質、態度、そして性格を決める決定要因になるだろうと言われました。そのため、ケイシーは彼女に妊娠中に特定の聖書の章、申命記30、ヨハネによる福音書の14章から17章、そしてサムエル記に含まれるハンナの物語を読むように勧めました。彼女が「子どもを身籠っている母親は神に近い状態ではないですか？」と尋ねた時、リーディングは「もしそう思うなら、そうです！　そうでないなら、妊娠は単なる身体の状態です」。そして彼女のリーディングの終わりに、ケイシーはその夫婦のもとへ来る魂は神の子どもであり、彼女と夫は親として、子どもの世話と成長を任されただけであること、「というのは地上にやって来る魂は神によってあなたに貸し出されただけであること、そしてあなたがその子どもの魂に築いた影響、目的は、最後にあなたがあなたの創造主に返すものであるということ」をその女性に気づかせたのでした。（457－10）

妊娠期間中に留意する最高の態度を知りたいと思った23歳の妊婦は「幸せであり続け、生まれて来る子どもに望む性格や気質を期待し続けなさい。そして神との親交においてもそうであるように、地上での神の愛の顕現のための水路であるということを知り、自身の中で理解することです。義務や責任ではなく、神のはしためになる機会として」。（2635－2）

ある事例では、子どもを妊娠している若いカップルが、彼らが取るべき態度や関わる活動そして妊娠中に彼らが培う交際や友情にも心を配るようにアドバイスされました。彼らは、最終的に彼らが地上にもたらす魂に対する責任があるので、ケイシーは彼らの子どもが他の人たちの希望と恵の水路になるという望みを抱くよう勧めました。（934－3）

別のカップルは、もし彼らの取る態度が適切なものであれば、彼らは地上に神の愛を顕現する魂を引き寄せることができると言われました。（575－1）

ある女性が、息子を出産した後、彼女と夫が彼女の妊娠中に素晴らしい態度を心がけていたために、とても優れた子どもを引き寄せたと言われました。彼らの子どもの魂の歴史にはいくつかの重要な過去世の体験があり、その少年は特別な音楽の才能を持っていました。その両親は、彼らの息子が適切な教育と指導が与えられるなら、彼は偉大な音楽家になる運命だと断言されました。（4098−1）

妊娠期間中の母親と父親の態度は非常に重要ですが、ケイシーは家族全員もやって来る魂の選択に同じように影響があるということを明らかにしました。一例として、ある女性と彼女の夫は妊娠中に彼女の叔母のもとへ引っ越しました。子どもが生まれた後、ケイシーはこの引っ越しは目的のある体験であり、古代ペルシャでの彼ら4人全員の間の過去世の関係のために起きたと、その家族に言いました。その叔母が、そのような体験はどのようにして起きるのかを尋ねた時、ケイシーは「というのはそれぞれの魂、それぞれの実体は常に自身に会っているからです。そしてもしそれぞれの魂が理解さえすれば、他の人たちのせいだと非難されるものの多くは自身によって起こされているのです。あなたはその困難の中で自分自身に会っていることを知りなさい！」（854−4）

しばしば、人々は、受胎や子ども時代だけではなく、10代の人格形成期の間中ずっと適切な態度と方向を子どもたちに与える必要があると言われました。両親はまた崇高な精神性が子どもたちの成長の発育過程で果たす重要な役割に気づかされました。大きな潜在能力がある魂でも、自由意志の原動力のせいで、適切な魂の方向性を与えられなければ、特定の生涯で失敗してしまう可能性があります。

ある時、11歳の少年の両親は、彼らの息子が切望している魂の基礎を与えるなら、「今回の地上での体験で実体は偉大な業績を残すかも知れない」と言われました。（1700－1）しかしながら、それらの魂の原理が次の数年の間に特に養われないなら、息子は特に物質志向、自分勝手になり、最終的には彼らの人生に「大きな悲しみ」をもたらすことになるだろうと言われました。

別のカップルが、彼らの子どもの肉体と精神の両方の成長をサポートするために妊娠期間中にできることがあるかどうかを知りたいと思いました。彼らはお互いに「完全な協力」に努めること、肉体的、精神的、道徳的、そして適切な魂の態度を取ることをアドバイスされました。彼らがどのような魂を引き寄せるかと、その魂の成長の可能性は、両親のこれらの態度によるところ大なのです。（903－8）

幾度となく、エドガー・ケイシーは妊娠中の重要な親の役目と魂の引き寄せを説明する

ために ハンナの話やイサクとリベカの話を含む、聖書からの物語を引用しました。

ハンナの話はサムエル記で語られています。ハンナは子どもができなくてとても強く子どもを望んでいて、男の子が欲しいと強く祈りました。もし男の子が授けられたら、彼女は「その子の一生を主にお捧げする」（サムエル記上1－11）ことを約束しました。その後まもなくして、彼女の神への信頼が報われて、彼女は懐妊しました。彼女の妊娠期間を通して、彼女は霊的な期待を持つよう肝に銘じていたようでした。そして彼女が息子を産んだ時、その子をサムエルと名づけました。ハンナは約束を覚えていて、彼女は彼女の子どもの人生を神への奉仕に捧げました。そしてサムエルは成長して最初のヘブライの預言者になって、自分の国の統治者になりました。

ハンナは地上が「大きな魂の覚醒」を必要とした時代（5037－2）――ケイシーが私たち自身の時代と似ていると思った時代――に生きたので、ケイシーは、ハンナの物語はとても重要だと感じたのでした。なぜならハンナの献身と信仰のために、彼女は偉大な魂を地上にもたらすことができたからです。そしてその魂は成長して人類に大きく貢献しました。

受胎におけるそれぞれの親の役割が重要だという点では、リーディングはイサクとリベカの物語を引用します。それは望んだ子どもについて異なった理想と態度を持っている両親についての興味深い描写でした。ケイシーによれば、その異なった願いは受胎の時に始まって、妊娠期間全体を通して持続され、その結果「二人の態度が表現された」結末になりました。

リベカは、双子の男の子エサウとヤコブを産みました。彼らはお互いにとても違っていました。エサウは、父親のお気に入りで「毛深い人」でアウトドアや狩猟が好きでした。ヤコブは、母親のお気に入りで、静かで優しい人で成長してイスラエルの国家のスピリチュアルリーダーになりました。その兄弟について、ケイシーは次のように述べました‥

同時に受胎し、一緒に生まれたけれど、彼らの目的、目標、希望はかけ離れていました。一方は身体、心、そして魂を調和させたものを保持し、他方は魂を調和せずに肉体や心の欲求を満たしたり、喜ばせたりしている……あなたは一方は他方とは違う指示を受けたと思いますか？　それぞれは同じものを受け取りましたが、妊娠期間中の環境でその反応、選択が彼らの活動において異なる身体的特性を作ったのでした。
281－48

ケイシーは、受胎は全面的に肉体の活動であることをよく知っていましたが、彼は理想的にはもっと大きな可能性があると言いました。水路に保たれる態度と理想は、受胎の瞬間から影響を与えるので、神の愛とスピリットを地上にもたらす水路として使われる可能性について認識することがベストです。魂の理想とより高潔な態度がないなら、おそらく、混乱あるいは無秩序や破壊を実現したいという魂の水路になる可能性があります。

夢で引き寄せられた魂が子どもとして生まれてくる例

いくつかの魂が親として特定の人を選択するかしないかを決めているということが、テルマという女性の現代の体験で描かれます。テルマと彼女の夫は30代後半で二人の子どもがいました。下の子が生まれてから、少なくとも2年間、二人は3人目を妊娠しようと努力しましたが、上手く行きませんでした。テルマはこれ以上子どもを持たない運命かもしれないと思い始めました。それから彼女は「予期しない小包」をまさに受け取る夢を見ました。その夢の中で、彼女は自分の家のリビングルームに座って彼女宛てのクリスマスの小包を開けていました。しかし夢の中で彼女はクリスマスはとっくに過ぎていることを知っていました。最初、彼女はその夢が赤ちゃんを持つことに関係しているとは思っていませんでした。彼女は三度目の妊娠をすることができませんでしたが、しばらくして、彼女と夫はもう一人子どもを持つことが良いか悪いかについて一緒に祈って瞑想しました。その後すぐに、テルマは自分が妊娠していることに気がつきました。テルマはケイシーが、妊娠中の態度と心の拘りを重要視しているのを知っていたので、テルマはスピリチュアルの原理、元気が出るリーディング、瞑想や祈りと協力して、望ましい魂が彼女と夫に引き寄せられるように求めたのです。

彼女が妊娠している間、テルマは自分の弟に関する別の夢を見ました。実生活で、彼女の弟は——自殺したいと思うほど——落ち込むことがよくありました。夢の中で彼は彼女にもし自分が自殺したら、彼が彼女の子どもとしてまた地上に来ることを許してくれるかどうかを尋ねました。テルマは「ダメ」と答えて、彼女はすでに彼女を母親として考えている「5人の実体」と協働していると言いました。夢の中で彼女が言ったように、5人の姿——4人の男性と一人の女性——が彼女のそばに立っているのを見ました。彼女には5人の特徴や顔は見えませんでしたが。彼女はその人たちは彼女と夫を両親として持つ可能性に引き寄せられた魂だと分かりました。数か月後、テルマが小さな女の子を産んだ時、彼女はその子は間違いなく夢の中で見た魂たちの一つだと思いました。

エドガー・ケイシーは親たちに、妊娠中の彼らの夢を注意して見るようにとアドバイスしました。夢は子ども性別、出産日、必要な健康管理についての実用的な情報を提供するだけではなく、夢は子どもについての過去世の情報、名前を選定する助けにもなります。ケイシーがある女性の夢を解釈した時、彼はその夢は、彼女は妊娠するための肉体的な準備ができていないことを指摘し、彼女が準備を整える、あるいは適切な予防をする必要があることを示唆していると彼女に告げました。

彼女はケイシーの助言を聞き入れることはなく、数週間後に妊娠に気づきましたが、妊娠初期に流産してしまいました。（136－22）その後彼女は彼のアドバイスに従って14か月後無事に男の子を出産しました。

その他にも夢が出産、妊娠についてもたらす洞察力に富んだ事例は多くある

グラディス・T・マクギャレイM.D.は、彼女の著書『Born to Live』の中で、エドガー・ケイシーが言ったのと同じように、健康や過去世も含めて夢がもたらすことができる洞察について詳しく述べています。米国ホリスティック医学協会の創業医師であるマクギャレイ博士は50年以上家庭医学を専門とし、夢が妊娠そして出産過程についての正確で洞察力に富んだ情報をもたらした数えきれないほどの事例を経験しました。一つの例として、

ある男性が夢で、白いコートを着た人からホテルのロビーである物（彼の妻の避妊リングであることが分かった）を渡され、「あなたの妻は妊娠している」と言われました。男性は妻にその夢について話しましたが、6年以上問題なく避妊リングを使ってきたので二人は、それはありえないと思いました。しかしながら、その夢は予言的だったことが判明しました。翌春、彼の妻の避妊リングは彼らの子どもを妊娠する直前に外れていたのでした。

魂は生まれる直前にある状況に生まれるかどうかを選択できるため、リーディングは肉体的な受胎と魂が体に入る瞬間には違いがあると述べています。どうやら、魂は生まれる数時間前から生まれてから24時間後までいつでも体に入ることを選択できるようです。乳幼児突然死症候群（SIDS）という言葉が存在する前から、リーディングの中に少なくとも一つの言及があります。ケイシーはその子どもは、その両親によって与えられる環境が正確にはその魂が必要としたものではないという結論に達して、「物質界で意識を保持しない」ことを決めたので、誕生後短い期間で地上を去ることを選択したのだと言ったのでした。（2390－2）リーディングは続けて、肉体を去るというこの決断は時には魂レベルで3歳まで可能であると言いました。

37歳の主婦が、彼女は自分の両親を慎重に選択したのかどうかを知りたいと思いましたが、「このテーマはとても大きなテーマです」（2170－1）と言われました。ケイシーは続けて、基本的に二つの法則――原因と結果の法則そして引き寄せの法則――が地上にやって来る魂に絶大な影響を与えると言いました。原因と結果の法則は過去で築いた個人の魂の記憶と教訓、過去に築いた人間関係と経験に作用します。引き寄せの法則は、魂が教訓を達成するのに必要な経験と環境へと魂を引き寄せる普遍的な磁石のように作用します。この二つの法則を念頭に置いて、その女性が両親に引き寄せられた理由は、彼女の両親と一緒に過去世の経験をしたからだけではなく、両親が彼女に現在の環境を与えることができたからなのです。

ケイシーのリーディングからの最後の例は、あるカップルが、地上に生まれることを望んでいる魂の最高の水路になるためのアドバイスと指導を求めていました。（341―48）彼らはお互いに協力して地上にそのような子どもをもたらしたいという相互の願いを確立するようにアドバイスされました。

ケイシーは、究極の目的は、神が彼ら二人と一緒に神の目的を達成できるようにすることだと助言しました。「このようにして、あなたが人類と世界に貢献できる能力と、現在必要とされる魂の水路を開く能力に合ったタイプの魂があなたに与えられるでしょう。それぞれが心の抱くべき態度は「主よ、私――私の体、私の心、私の目的――を他の人たちを祝福する水路として使ってください」、ということです。

リーディングは、神は彼らの強さと能力を知っていて、彼らが与えることができる家庭教育から恩恵を得ることができる魂を彼らに贈るだろうと二人に断言しました。彼らは妊娠期間の間ずっと祈りと瞑想に共に取り組むように、適切な理想を持ち続けるように、そしていつも希望に満ちた期待の態度を保つように勧められました。彼らは、神が共に働いていることが分かり、目的を持って生きることになるだろうと言われました。そのカップルが二人の子どもに特定の性別を望むことは賢明かどうかを尋ねた時、ケイシーはもし彼らが本当にスピリットと協力したいのなら、彼らが持つべきベストの願望は「主よ、私と一緒にあなたが望む道を進んでください」だけだと助言しました。

ほとんど正確に1年後、そのカップルは男の赤ちゃんをもうけ、誇りに思いました。リーディングは、最終的にそのカップルと彼らの子どもは以前一緒だったこと、そしてその親子はそれぞれ過去からのソウルメイトの関係をまさに拾い上げたのだということを確認しました。

Part 10

魂の関係を創造する——それは癒やされるまで繰り返される運命になっている

私は人間と人間の間に敵意が永遠に続くとは思えません。そして私が生まれ変わりの説を信じているように、私は今回の生でないとしても、別の生で、友好的な抱擁ですべての人類を抱きしめることができるという希望を持って生きています。

マハトマ・ガンジー

あらゆる職業、宗教的背景がある人たちがエドガー・ケイシーのもとへ来て、配偶者、友人、家族、同僚、そして敵対関係にある人たちとの関係を改善するためのアドバイスを受けました。その相手が誰であろうと、その関係が何年間（何回かの人生で）難しかったかにかかわらず、ケイシーは人がさまざまな人間関係を癒やすために使える同一の原理について、概要を説明しました。彼の考えでは、私たちの人生において、すべての人たちと愛情溢れる関係を築くことが地上に存在するための目的の一つでした。

とても難しい関係に関してよくある質問は「なぜきょうだいなの？」「なぜ一つ一つの人間関係を癒やすことに取り組むことがそれほど重要なの？」といったものです。長い年月をかけて、これらの疑問の答えを求めて、人々はエドガー・ケイシーが提供する情報の中に含まれている多くの共通項を見つけました。

・究極的に、すべての関係は目的があり、魂の成長と個人の変容のために役に立つ体験になる可能性を持っている。
・私たちは他者との交流を通して自分自身について最もよく学ぶ。

・私たちのお互いの関係は、その関係が癒やされるまで繰り返される運命になっている。
・個人の完全性を求めている魂として、私たちの目標は人生で出会うすべての人たちと最終的にポジティブな魂の関係を創造することである。

しばし、私たちが自分の人生で、無条件に愛する一人——配偶者、子ども、孫、きょうだい、友人——を思い浮かべる時、私たちは自分自身に「この関係に力を与えるものは何か？」と問いかけるかもしれません。私たちが無条件の愛と受容のこの感情を想像することができるなら、私たちは更に「私の無条件の愛ゆえに、この人をどのように扱うべきだろうか？」と深く考えるかもしれません。私たちがこの人にとっての最善だけを望むという献身の気持ちと、そのためならどんな労力をも厭わないという意欲を持つことができるなら、私たちは「自分自身の要求より他者の要求を優先するのはどのような愛ですか？」と尋ねるかもしれません。これらすべての考えが、すべての人と構築すべきなのはどのような関係なのかを教えてくれます。エドガー・ケイシーのリーディングはこのような無条件の愛は、各個人との間で生じる運命であり、無条件の愛に辿りつくまで私たちの魂の成長は終わらないと示唆しています。

このように目標が大きいからといって落ち込む必要はなく、リーディングは二つの要因が私たちの必然的な成功を確実にすると強く主張しています。第一は、私たちはその時にまさに必要なことを自分に引き寄せるということです。第二は、魂はその中に、人間の意志によって目覚めさせられることをまさに待っているという完全な機能を持っているということです。

あなたを怒らせる身近な人々、あなたが愛して称賛している人々を見回せば、自分自身が分かる⁉

結局のところ、私たちが完全性（ホールネス）のパターンに目覚めるかどうか、あるいは与えられた状況での教訓を学ぶかどうかは、私たち自身がなすべきことに最善を尽くしてやりぬくかどうかにかかっています。ケイシーは自分の人生で何をすべきかを尋ねた人たちに対して「あなたがするべきと考えることに最善を尽くすだけだ」と諭しました。「それは何度も何度も与えられてきた、何度も何度も。今日知っていることを適用しなさい！　そうすれば明日は次のステップが与えられる。それは一節に対して一節、教訓に対して教訓、こちらで少し、あちらで少し与えられるのだ」（826－11）

長年にわたって、エドガー・ケイシーは他者とのポジティブな魂の関係を作るための多くのステップについて話しました。そのステップは次の通りです。

(1) 自分自身を愛して自分自身を理解することを学ぶ
(2) 方向性を示す案内役としての魂の理想を確立する
(3) あなたがするべきと考えている最善のことに取り組む
(4) 物事が思い通りに変わることを期待する

ある人たちにとって、自分自身を本当に愛することと理解することを学ぶことは難しい提案です。おそらく生い立ち、個人的な不安、自尊心、あるいは他の人たちからのネガティブな影響のために、人は、自分が愛される価値がないかのように感じたり、あるいは他の人たちと分かち合えるものがほとんどないと感じたりしているのかもしれません。不幸なことに、ネガティブイメージはそれ自体が増殖するので、克服することが難しいのです。

皮肉なことに、最も低いセルフイメージを持つ人は、しばしば、高圧的な親、厳しい上司、批判的な配偶者、あるいは手に負えない子どもに囲まれているような人たちです。ケイシーはその人に「似たものは似たものを引き寄せる」という普遍の法則のため、その人は自分がセルフイメージとして抱く、そのまさに同じ態度を取っている人を自分自身に引き寄せているに過ぎないと言うかもしれません。教訓は、このような性質のすべての関係を必ずしもすべて断ち切れというわけではありません。その代わり、自分に敬意を持つこと、自尊心、そして自己愛を育て始めよということです。その個人が自分自身を通して愛とポジティブな思考を創り出すので、似たものは似たものを引き寄せるという原動力は、出会う関係にポジティブな影響を及ぼします。

この「似たものは似たものを引き寄せる」原動力は私たちが自分の思考と行動を通して外部に出したすべてのものが自分に戻って来るだけではなく、自分自身の長所や短所を他の人たちの中に見ることができると示唆しています。簡潔に言うと、私たちが強い感情――ポジティブにもネガティブにも――を持つ人は文字通り私たちの鏡として行動しているのです。

ケイシーは私たちの人生で最もイライラさせるように見える人たちは、私たちが見て見ぬふりをしたり、解決したりすることを拒絶した自分自身の一部をその人たちに見ているので、私たちをイライラさせるのだと信じていました。

逆に、私たちが本当に称賛している人々も私たちが自分の中に持っている同じ特性を映し出しているのです。この考え方を信じることは難しいのですが、私自身の最悪の敵でも親友がいて、私の親友でもその人を嫌いな人がいるということを覚えておく必要がありま す。なぜでしょうか？　その答えは、私たち個々人の受け止め方の焦点と、私たちが自身の中に持っているものを他者に見る習性の焦点が異なることに関係しています。

リーディングは私たちが他の人へ感情的な反応（ポジティブでもネガティブでも）をする時はいつでも、私たちには学ぶべき何かがもっとあるということを確信できると示唆しています。もし私たちがスピリチュアル的に取り組む必要がある課題を知りたいなら、私たちを怒らせる身近な人々を見回せばいいだけです。もし私たちが用いる必要があるものを知りたいなら、私たちが本当に愛して称賛している人々を見回すだけです。このように、私たちは他の人たちの中で表現された長所と短所を見始めるでしょう。この力に気づくようになることで、私たちの他者に対する態度は全く違ったものになります。ケイシーは私たちが自身の真実の個性を知るようになる時、お互いの結びつきを発見すると信じていました。私たちは私たちの親としての神と一緒に、お互いにつながっているということも理解するでしょう。

ケイシーの考えで、ポジティブな魂の関係を作る上で二番目に大事なステップは、意識的に魂の理想を確立することです。簡単に言うと、理想は、なぜ私たちがこういうことを行うのかということの基本的根拠となるスピリチュアル的な動機や意図だからです。私たちが適切な意図を確立するとすぐに、私たちは以前の行動様式ではなく、私たちの魂の理想にしっかりと基づいた行動反応のパターンを作ることができます。しばしば、人は過去に他の人とのある種の難しい関係を体験し続けると、その関係を変えることは難しいことに気づきます。その理由は、その人について考えるだけで、自分の中の同じレベルのフラストレーションやイライラを感じ始めるほどネガティブパターンが――その人がどこにもいない時でも――作られるからです。

ケイシーは過去の体験に反応し続けるのではなく、意識的な理想を確立することによって、力をつけ、その関係に反応するのではなく、その関係に基づいて行動することができるようになると示唆しました。例えば、もしある人がある特定の人間関係で、古い反応パターンに基づいて人間関係の課題に対処するのではなく、許しの理想を選択するなら、「寛大な人とはどんな人ですか?」「もし私が寛大な人なら、どのように行動しますか?」のような質問をするかもしれません。ひとたび寛容な人のイメージ(あるいは愛情深い人、あるいは思いやりのある人など)が確立されたら、その後の課題はそれに基づいて行動することだけです。

個人が魂の理想と協力して新しい行動パターンを確立する時、それが過去の反応パターンにとって代わって最終的に新しい反応になります。

考えていること（知識）とやっていること（行動）を一致させることが個人の変容を促進させる

ソウルメイトの関係を作る上で三番目のステップは適用のプロセスです。これは次のように簡単に成し遂げられます。「というのは、それは偉大な行為や、偉大な方法で行われるのではなく、ただ親切に、優しく、忍耐強く、辛抱強く、きょうだい愛を示すことなのです……」（793－2）リーディングは、多くの人たちが考えていることとやっていることとの間に違いがあることがとても多いと示唆しました。ケイシーは何かが適用されないなら、それは個人の覚醒の一部にはなり得ず、それゆえに個人の変容を促進することができないと確信していました。つまり、知識は頭の中の単なる情報、そして実際に行うことは個人の変容を促進することができるもの、この二つの間には大きな隔たりがあるのです。

ポジティブな魂の関係を作るための最終ステップは、オープンで個人的な期待を持つ態度を保持することです。ケイシーは人々に物事が思い通りに変わるように期待するように促しました。リーディングは、最終的に人が変えることができるのは自分自身だけなので、すべての人間関係は癒やされることができると主張しました。人は自分自身を変えるので、「似たものは似たものを引き寄せる」の原動力は必然的に、他者が反応する方法を変えます。つまり、私たちは自身の中で完全になることによって、他者と自身の関係を最も効果的に癒やします。魂の関係を作るこれらのステップの側面はケイシーのアーカイブの中に含まれている多くの事例で見られます。

自分より相手の幸福を優先させることで互いが魂の伴侶となることが大切

新婚のカップルが、上手く一緒に生きて成長するためのアドバイスを求めてエドガー・ケイシーのもとへやって来ました。そして彼らは以前一緒だったことがあると言われて、ケイシーからお互いを補い合うようになる能力を持っていると示唆されました。しかしながら同時に、彼らの結婚している間に必ず口喧嘩があるだろうということを覚えておく必要がありました。ケイシーはそのカップルに「二人が同時に怒ってはならない」と助言しました。二人は協力するために、二人が同意できる理想と目的を見つけるように促されました。「取り組み方、考え方は必ずしも同じでなくても、このような結びつきで求められるように、二人の目的、願望、希望、幸福は一方が他方のためになるべきである」（34

1－48）最終的に、彼らは自身よりいつも相手の幸福を優先させるようにしている互いの「伴侶」になるように勧められました。

20歳の女性が彼女と彼女の婚約者の宗教的背景と家族の違いのために困難が起きるのではないかと心配していました。ケイシーは彼女に「覚えておきなさい、家族ではなく、教会でもなく、あなたは一人の男性と結婚するのです！」と言いました。彼女と夫となる男性が二人の関係を何よりも優先して二人の人生のために神の意志に本当に従おうとする限り、彼らには問題は起きないでしょう。お互いの欠点を最小限に抑え、お互いの長所を讃えることに加えて、二人は「あなた方の関係は50－50であるべきで、40－60でも20－80でもないということだ！　そしてあなたがたは自分自身を互いの少し違った独自性や癖に合わせなければならないことを知りなさい」。（1722－1）リーディングは、彼らが協力して美しい、喜びに満ちた、価値のある、スピリチュアル的な生活を一緒に築く時、彼らの周りの人たちも同じようにするように促されると約束しました。

家族のメンバーや仲間と多くの課題のある関係を体験していた31歳の女性は、彼女が他者から受け取りたいと願うものは何でも、先ず、彼女が彼らに与えるべきだということを心に留めておくように勧められました。彼女はまた、彼女が他人に見ている欠点は彼女自身の欠点の反映に過ぎず、彼女の人間関係にポジティブな変化を作る能力は彼女だけが持っていると助言されました。適切な態度と心に期待感を持つことについては、彼女のリーディングは「『そうですね、私は彼らが何を言い、何をするのか分かっていますが、そんなことは関係ありません。私は自分ができる最善を尽くすだけです』という考えを持たないでください。それを無視しなさい！　あなたが物事をする時のスピリットが、あなたに帰ってくるスピリットであることを知ってください！」（1688−9）

人間関係の現代の物語では、ジョーとクリスティンは結婚でのポジティブな魂の関係を築くことに関して、彼らは「遂に正しい関係が築けた」と思っています。過去6年間一緒にいて、それぞれにとって三度目の結婚になります。ジョーは以前の配偶者たちもまたソウルメイトだったという結論に至りましたが、彼がクリスティンと一緒になってから、ようやく彼は健全な関係を築けるほど変わったと信じています。ジョーは、彼の以前の結婚について、それぞれの結婚は15年以上続いたと述べました。どちらの結婚もとても良い時もあれば悪い時もありました‥

私たちは多くの困難で感情的な時を経験しました。私たちは憎むこと、許すこと、それからもっと憎むことを学びました。最終的に、両方の結婚はすべてのレベルで無関心に変わりました。全く不健全でした。私たちはあらゆることで喧嘩しました。私たちは自分たちから這い出たどんな欲望をも満たすことに夢中になりました。しかし、神の恩寵によって、私たちは進み、いずれの結婚でも何らかの答えとより純粋な生きる目的を見出すために後押しされました。

現在、ジョーとクリスティンは彼らの友情とスピリチュアリティへの関心が彼らの人生での二つの最大の安定化要因だと考えています。お互いの継続的な関係を確信して、彼らは、サイキック・リーディングを受けました。それによると、イタリアでの兄と妹として、そしてイエスの時代でヒーリングの仕事をしていたカップルとして一緒だったということです。この人生でも、彼らは二人が別の人と結婚している間友人として13年以上にわたって互いを知っていました。二人にとって、現在の彼らの関係は学びの体験であり続けています。クリスティンによれば：

おそらく私は他の誰よりもジョーから多くのことを学びました……まず思い浮かぶことは彼と一緒にいることでより良い人間になることを学んだことです。私はかつて、傷つけられた時に仕返しを望むという意地悪な時がありました。しかし、彼に会ってから、彼は私の良心になりました。彼を通して、私は間違いなくより良い人間になりました。彼は私にエドガー・ケイシーのリーディングと人生の全く新しい見方も紹介してくれました。私は実際に彼に何かを教えているとは思いませんが、彼は私のことについて、まるで彼自身に会っているように感じると言っています。

彼らが一緒に取り組んでいる問題について話している時、クリスティンは別れた夫と一緒にいる息子について言及しました。問題は前夫についてでした。彼女は息子と連絡を取っていましたが、前夫とは関わり合いたくありませんでした。長年にわたり、彼女は何回も夢を見ました。前夫と連絡を取って許しを得ることが本当に必要であることを示唆しているような夢です。そうするようにジョーが励ましたにもかかわらず、クリスティンは頑なに前夫と関わりを持つことを拒絶しました。弁護士から手紙が届き、前夫が、彼女の子どもに会う権利の変更と子どもの養育費の支払いを求めて裁判を起こす準備をしていると知り、彼女の怒りはますます激しくなりました。彼は彼女よりかなり多くの収入があったので、その考えは全く馬鹿げていました。ジョーは裁判が開始される前に、彼女の前夫と何とか和解に至らせようとしましたが、彼女は折り合いを付けようとしませんでした。

ついに、訴訟が提起されました。裁判官が前夫に有利な判決をした時、クリスティンの弁護士ですらショックを受けました。裁判官は前夫に有利な判決を下し、クリスティンは子どもの養育費を払うように命じられたのでした！　クリスティンがその状況を理解するのは難しかったのですが、ジョーは、二人がそれを癒やしのプロセスの一部として見なすことを選択できると彼女を説得しました。それから9か月間、クリスティンは自分自身と前夫のために祈りに取り組んで、ジョーはクリスティンと前夫がコミュニケーションの道を開き始めるように促しました。彼女の息子の大学の費用についての裁判所での話し合いの時がついにやって来た時、クリスティンと彼女の前夫は弁護士との打ち合わせの前から、その状況を何とか解決しようとしていました。ジョーによれば、二人は微笑とお互いについての新しい感情でその手続きを終えたのでした。その時からクリスティンと彼女の前夫は協力的になろうとしました。

ジョーが妻から学んだと思うのは、二人の個人的成長のお陰で、違いよりも類似点の方が多いことに気づかされたことです。多分彼らの一番大きな違いは、ジョーは感情に流されるパートナーになる傾向があり、一方クリスティンはすべてに対してほぼ左脳的なアプローチをする点です。しかし彼らはお互いの感情の気質を補い合うものになることを学びました。最も重要なことは、ジョーは彼が自分自身を知るようになる上で、クリスティンがとても助けになったと思っていることです：

クリスティンはこの6年間で、私がこれまでの48年間で学んだことよりも多く私自身について教えてくれました。なぜなら、私はようやく本当の自分を見ることができたからです。それは特に私たちが私たちの人間関係においてとても重要視している煩わしい些細な事柄ですが。時には、自分を見ることは本当に私自身を傷つけます。しかし、彼女がとても喜んで私の鏡になってくれるので、私はますます彼女に感謝しています。クリスティンは、難しい状況への対処について私が彼女を助けた、あるいは、難しい状況のよい面を見るよう私が人々を助けたと言います……私にとって、私たちが親友であることは時が経っても変わりません。

他者との交流のすべてを「美しい体験」にする方法を見つける

エドガー・ケイシーは21歳の配管工に、彼が地上にやって来たことや友人や仲間と関係を育んだことは偶然ではなく、それらの体験や関係を持ったことは個人的な変容と成長の手段であることを気づかせました。どのように人間関係に取り組み始められるかについては、彼は他者との交流のすべてを「美しい体験」にする方法を見つけるように言われました。彼はまた自分自身に「自分と知り合いになったり、関わり合いになったりすることによって、他の人たちがもっと良くなるように、人生の目的についてもっと大きな考え方を持つように、自分は彼らに何をしたらよいか？　彼らにとってどのような関係になればよいか？」を常に問うように勧められました。（2030－1）

35歳の会計士は家族のメンバーに何か借りがあるか、もしあるなら、何なのかを知りたいと思いました。ケイシーは、彼の家族全員が彼に負っているのと同じように、彼が家族全員に負っている義務と責任があると言いました。結局のところ、その責任は彼ら自身とお互いの関係を進歩させることに取り組んで、一緒にいる機会を持ったことでより良い人間になることでした。これを実現することに関して、その男性は彼自身の意志の力より強いものはないことを気づかされました。（1432－1）

同じように、24歳の男性は彼自身の中に「とても良いことをする、あるいはとても悪いことをする！」能力を持っていると言われました。彼はいずれ他者とのあらゆる活動で彼自身に会うと助言されました。そして彼は良い影響力を持つようになり、平和、調和、美、そして愛が彼の人生における支配的な要因となるように促されました。（633－2）

ある両親は、息子の人生を幸せにそして健康にする最高の育て方を知りたいと思いました。彼らが息子に与えることができるもっとも建設的なものの一つは、彼の生涯にわたって彼に留まる魂の基礎だと言われました。彼らは息子に歩んで欲しいと願う人生と同じ人生を彼ら自身も歩むように勧められ、「息子にしてほしくないことをあなたは決してしてはならない。息子に言わせたくないことをあなたは決して言ってはならない」と言われました。（1551－2）

ソウルメイトの関係を作ることは地上に存在するための本質的な目的であるという事実は、67歳の男性に与えられたリーディングで明確に説明されています。彼は正しい道にいることを断言されて「善い行いをすることにうんざりしないように」（1598－1）とアドバイスされました。彼は究極的には、人間関係には一つの理想だけがあり、それは「隣人を自分のように愛しなさい」（マタイによる福音書19－19）ということであるとも言われました。彼がどうすれば他の人たちに最大限に役に立つことができるかを尋ねた時、彼は暗闇に座っている人たちに灯を与えるように、落胆した人たちに希望をもたらすように、そして道に迷った人たちを助けるように推奨されました。もし彼が適切な意図で――自分の信念や考えを他者に強いるのではなく、その代わりに彼らにとって有意義なことを見つける手助けをする――これらのことをするなら、彼は他の人たちが彼ら自身を発見できるようにするでしょう。彼らと創造主との関係を発見するのと同じように。

個人的な関係を通して、より自分自身を見つける現代の例は、ティムとカールの物語に描かれています。二人の男性は30歳、ゲイで3年間一緒に暮らしています。二人の間には多くの類似点と相違点があることを彼らは見つけました。そしてそれが究極的に彼らの個人的成長の役に立ってきたのでした。カールの視点から見ると、その違いのおかげで彼らは人生についての彼らの個人的な考え方を広げることができました。ポジティブな類似点は励みになりましたが、彼らの間にある類似のネガティブなパターンは時には厄介でした。カールによれば、最終的に彼らはお互いに補い合っているのです‥

同性愛の関係は、反対のものの交換、陰と陽、男性と女性のエネルギーのような反対のものの補い合いが存在しないように見えますが、私たちは肉体より深いレベルで補い合うものが存在しているのが分かります。ある意味、私たちの思考、感情、そして精神のプロセスは全く違っています。

彼らの関係には学ぶことへの愛、スピリチュアリティ、そして心と心の会話が含まれています。一緒にいることでティムは愛——他の人への愛だけではなく、彼自身を愛すること——についてもっと学ぶようになりました。二人の関係について、ティムは次のように話しています‥

私が自分自身の誠実さを維持するために大変だった時、カールは時には私の「ライフライン（命綱）」でした。私はまさに彼の最強の個人的な特性のいくつかを自分の中に成長させようとしているのです。個人的に困難な時に、お互いのために私たちは交代で「心の支え」「サポーター」そして「鏡」になります。彼は、私が本当は一体何者なのかを思い出させてくれます。そして私が躓いた時やより高い所に到達する必要がある時はいつでも私を助けてくれます。同時に、私はカールから学んだことより、この関係から自分自身について学んだことの方が多いのです。私は自分自身についてもっとはっきりと見ることができました。私は自分の嫌いなパターンが見えてきてそれらを変え始めることができました。私が知った最大の教訓の一つは、私は自分自身や個性をなくすことなく、より完全に他の魂に心を開くことができるということです。私は自分の個人的な満足感に従うことによって、より完璧で、よりパワフルになって、

同時に他の人と深く関わることができます。

エドガー・ケイシーは43歳の女性に、彼女と彼女の夫は聖地パレスチナでの前世で中断したところから、彼らの結婚関係を再開したと言われました。彼らはその当時、どんなことにも決して意見が一致することがなかったので、彼らは現在も意見が一致しないのです。ケイシーは二人がお互いに協力的になるためにできる多くのことがあると彼女に断言しました。彼らの関係を変え始めるために、二人が「一緒に働く！　あなたが同意できないものではなく、あなたが同意するものを見つけて、それを強調する」ようにと勧められました。（2792－3）

別のカップルはお互いを、自分自身を「補うもの」として見始めるように勧められました。確かに、彼らは完全に似ているというわけでも、同じように考えるわけでもありませんが、お互いと一緒にいることで成長して拡大することができました。（1100－31）

23歳の牧師は他の人たちへの祝福の水路になるように勧められました。彼は彼が与えなければならない最高のものを彼自身から引き出す時、彼は周りの人たちに「発酵作用」としての役目を果たすだろうと言われました。彼は誰も、彼自身も他の人たちも非難しないように、そして彼自身が汚されないよう、世俗の心配事から距離を置くように促されました。彼はこれらのことすべてを行おうとした時、創造主は彼を通して地上に顕現することができるだろうと言われました。（3188―1）

ある女性は家族のさまざまなメンバーや人生で出会う人たちと難しい関係を人生で体験しており、その問題を癒やすことに取り組み続けるように励まされました。「1日や1週間で結果を期待してはならない。人々はある日に種を蒔いて、翌日に刈り取らない。彼らは蒔いたものが実を結ぶ時期に刈り取ります。というのはあなたが蒔いたものをあなたが刈り取るのだ」。（971―1）彼女は、優しさ、親切、そして忍耐力を持ち、正しい精神で正しいことをしようと努力し続ける限り、成功が必ず彼女に訪れるだろうとアドバイスされました。

ケイシーのリーディングは46歳の女性に、結局のところ、魂は魂が与えたものをだけを持ち続けると言いました。それを念頭に置いて、彼女は他の人たちとの接し方に気を遣う必要がありました。なぜなら、彼女がどんな忍耐で取り組もうとも、彼女の愛、彼女の親切、そして彼女の優しさがどれくらいであろうと、これらのすべてのものがまさに彼女がお返しに受け取るものだからです。（５２５９—１）

別の女性は、彼女の母親ととても頻繁に誤解し合ったために関係がこじれて難しくなったとアドバイスされました。二人は彼女たちの意見の相違を気にせず、二人の関係を再び育み、二人の意見が一致したところや共通点を見つけ始めるように促されました。（２７０６—１）

ウエインとルースの43年と半年に及ぶソウルメイトの歩み

協力することを学んだ二人の成功談が約50年間結婚しているウエインとルースの物語で描かれています。彼らは一緒に二人の娘を育てました。生涯にわたって仕事、体験、そして旅行を共にしました。そして他の人たちからは完全に御神酒どっくりと見られています。彼らの人生の旅路は、海軍での35年間のキャリア、音楽への愛、非営利団体の管理責任者、そして2年間の船上生活を経てきました。しかしながら、彼らの関係は簡単に始まったわけではありませんでした。

彼らは会ってすぐに惹き付けられましたが、ウエインは内向的で人との付き合いを避けていました。そして音楽への愛に集中しているように見えました。一方、ルースはより幅広いことに関心を持ち、人と一緒にいたいと思い、もっと外向的でした。二人の異なるバックグラウンドや個性にもかかわらず、彼らは会ってから1年後に結婚しました。ルースによれば、「私たちの6か月の婚約期間の大部分と結婚の最初の5年間、私たちはしばしば激しく言い争いをしてお互いに酷いことを言い合いました」。口論に加えて、ウエインの母親がその結婚を積極的に壊そうとしていた時、最初の大きな難関が訪れました。

最初、そのカップルの行動様式は互いにとても違っていました。ウエインは行うことすべてが非常に遅くて慎重でした。彼は完璧主義者で、必要がなくなっても、プロジェクトや活動に取り組み続けることをしばしば主張しました。逆に、ルースは結論に達するのも、それに基づいて行動するのも性急すぎました。ルースによれば、これらの違いに直面して、二人は「私たちは仲良くやっていくことを学ぶか、別れるかのどちらかしかない」という結論に達しました。二人はお互いに口論するのではなく、徹底的な話し合いを始めました。

ウエインは、彼の母親との関係か妻との関係のどちらがより重要なのかを決めなければならないことに気づきました。彼は結婚の方を選びました。二人はお互いから学ぶことができることにも気がつきました。そして彼らの極端な行動も直し始めたのでした。現在では、ルースとウエインは彼らが一緒にいたのでより良い人間になったと確信しています。時が経つにつれて、二人のコミュニケーションは改善し、二人の娘たちがしばしば「寝室の壁を通して聞こえてくるおしゃべり」を聞きながら眠りに落ちて、翌日の朝その同じ声で目覚めるほどになりました。今でも、二人は一緒にいることと共通点を分かち合うことを楽しんでいます……

私たちはスピリチュアル的なもの、自然の美しさ、英国の島々、東洋、そして聖書の歴史について強い関心を共有しています。私たちはガーデニング、木工も楽しんでいます。私はウエインが彼のクラリネットを吹くのを聴くのが好きです。そして彼は今でも私のオーガナイズする才能を楽しんでいます。

ルースはソウルメイトの関係は、多くの過去世のさまざまなタイプの関係で起きると信じています。彼女は「ソウルメイトはお互いがカルマのパターンに取り組むことを助けます。上手く行けば、これは主に相手を支援するやり方で行われます。ウエインの海軍でのキャリアと二人のセーリング好きに関係しているようですが、彼らは過去世で大きな船で一緒に働いていた兄弟だった時の体験、そして彼らが14世紀にブルターニュ海岸沖にある島の漁村で夫と妻だった時の体験がありました。

二人のつながりと深い愛を示す例として、30年にわたる旅と転勤の後、ウエインが海軍を退役した時にルースに「あなたはこの30年間私についてきたのだから、次の30年は私があなたに従う番です」と言いました。その約束は彼らをバハマにおける2年間のスピリチュアリティと個人的な変容のグループとの取り組み、そして最終的にはB＆B（宿泊bedと朝食breakfastのみの宿）の事業主としての最後のキャリアへと導きました。ルースは微笑んで「この43年と半年の間私たちはあらゆる方法でお互いを支えてきました」と言いました。

二人の女性ソウルメイトからの学びと生まれ変わりを通した「お返し」

ジェニファーと彼女の伴侶ルイーズは専門的職業に就いている女性で、30歳代にカヤックツアーに申し込んで偶然出会いました。二人はその時からずっと一緒です。ジェニファーによれば、「私たちは27年間一緒なのです！」

二人はバージニアの東海岸での、グループツアーに参加しました。参加者はジェニファーの友人たちを含む10人ほどでした。ルイーズはすぐにジェニファーに引き寄せられたことを認めています。「私の第一印象は、彼女は魅力的で、素敵な笑顔で、美しい瞳を持っていることとでした」。

カヤックツアーが始まると、気がつくと二人の女性は隣同士にいて無言でパドルを漕いでいました。ルイーズはすごく幸せで、とても安らぎを感じました。ルイーズはフランス生まれなので、フランス語で歌い始めました。ジェニファーはビックリ仰天しました。というのは、彼女はその歌詞を聞いたことがなかったのですが、その旋律は彼女のお気に入りの歌の一つだったからでした。二人はおしゃべりする機会はありましたが、お互いについてほとんど知らないまま、ツアーを終えました。ジェニファーは「ツアーの最後に、私は彼女の名前、ワシントンのどこで働いているのかだけを知ることができました。彼女は経済関係のグローバルな組織の中で高い地位に就いていました。私は彼女がかわいいこと、歌が上手いこと、そしてフランス人だということも分かりました」と思い返します。ジェニファーは住所も電話番号も知りませんでした。携帯電話が世に出回る前のことです。ルイーズは彼女がジェニファーに感じた魅力はとても強烈だったと認めます：

私は一目ぼれでした。私はソウルメイトを見つけたと直感的に感じました。私は深いつながりを感じました。初めて、私の気持ちに応えて共有してくれる同性の人がいるかもしれないという『認識』を持ちました。私は、これは唯一無二の機会でギフトであり、この機会を大切にして行動しなければならないと強く思いました。

ルイーズは、その日遅く、普段の自分としてはとても大胆だと思ったのですが、ツアーを手配した代理店にコンタクトを取って、ジェニファーの電話番号を尋ねました。代理店の担当者は他の参加者の電話番号を教えることはできないが、ルイーズの電話番号を先方に伝えることはできると説明しました。ルイーズは彼に電話番号を渡しました。そして彼女はやるべきことはやったので、後は運を天に任せようと思ったのでした。

他方、ジェニファーはツアーの後で自分自身の思いを解釈します。彼女はルイーズに惹き付けられていましたが、いくつかの困難な関係を耐えてきて、その時はシングルでした。「私はシングルでいるのが幸せでした。私は相手を募集中ではなく、もうこれ以上のドラマから免れたい――でもドラマはいつも私を探し出すようなのですが――と思っていました」。

しかしながら、彼女はルイーズに惹かれていたので、ツアーにいた彼女の友人たちも「一緒にカヌーしようと電話しなさい！」と彼女にけしかけました。5日間ジェニファーはルイーズの電話番号を知らないと言い訳をしていましたが、結局彼女は代理店に電話をしました。代理店の担当者は彼女の名前を聞くとすぐに、「丁度、ここにあなたへのメッセージがあります！」と叫びました。

ジェニファーによれば、「首の後ろの毛が逆立つほどとても驚いた！」のでした。代理店の担当者は女性が電話してきて私の電話番号を教えて欲しいと言っていたと説明しました。ジェニファーはつけ加えて、「私は、それは絶対に宇宙からのサインだと思いました！私はルイーズにその日に電話しました。そこで、その代理店がルイーズの電話番号を私に伝えると約束していたことが分かりました。でも、その担当者は私が電話するまで何もしていませんでした」。彼女がルイーズに電話した後、二人は初めてのデートに出かけました。彼女らはそれからずっと一緒です。

二人の女性は、家族にカミングアウトすることは容易ではなかったと認めていて、二人のさまざまな家族のメンバーがある程度の悲しさ、不安、あるいは驚きを露わにしたとしていますが、その日以来二人は相手の家族に完全に受け入れられています。ルイーズは、ジェニファーがルイーズの家族から愛されてとても受け入れられていると言います。そしてジェニファーは「私の両親はルイーズを『もう一人の娘』と呼んでいます」と述べています。

お互いは親密な関係にあり、類似のスピリチュアル的な考え方を持っていましたが、二人の女性は多くの点でとても違っていて、それらの違いから学ぶ必要がありました。ルイーズは7人の子どもたちと多くのいとこたちがいる大家族で育ちました。彼女はとても社交的で、たくさんの人といるのが好きで、二人の家で人をもてなすのが好きです。ジェニファーはもっと控え目で、小さな社交の集まりを好み、沈黙の時間が必要で、一人だけのプライベートな時間を切望することを認めています。ルイーズは非常に外向的で、対立を避けることを選択し、そしてウイン・ウインの結果にするために人を仲立ちするのが好きです。ジェニファーは、外交術は苦手で、むしろ「必要があることしか言わない」のです。

ルイーズは彼女たちの違いを次のように説明します：

私はいつも几帳面ではなく、時間に厳しいというわけではありません。私の気分は大抵大きく揺れがちです。そしてそれが時折ジェニファーを困惑させて、困らせるのです。私はとても柔軟で、助けを求められるとすぐに対応します。そして私は即興で行うことや創造的なプロセスが好きです。ジェニファーはもっと落ち着いていて、安定して、几帳面で、きちんとしています。彼女は必要な時に『ノー』の言い方をよく知っています。時間を守ることは彼女にとって重要です。彼女にとってそれが敬意の現れです。それは私たちの間にある軋轢の原因になることもあります。彼女は状況をリサーチして分析するのがとても好きです。それは大きなメリットになる可能性がありますが、時には少々やり過ぎることもあります。

他方、ジェニファーは彼らがどのように違うかを次のように要約します。「ルイーズは行動を目的とし、私は存在を目的とするのです」。

二人は、お互いから学ぶ必要があることを認めています。「時には厳しく、時には優雅に」。ジェニファーは、もっと忍耐強くなること、あまり心配しないこと、もっと信頼すること、そしてもっとおおらかになることを学びました。彼女はまた「ルイーズはまた、素晴らしいクレープを作る秘訣を教えてくれました！」と言いました。

ルイーズは彼女が学んだことを次のように述べています：

確かに厳しい教訓でした。私は忍耐を学びました。（今でも学んでいる最中です）私は交渉術あるいは受動攻撃的な姿勢ではなく、誠実、直接的なコミュニケーションを学びました。他の人たちからどう思われるかではなく、私は自己信頼と自己愛を学びました。私は人の意見をよく聞くこと、そしてもっと他の人々の考え方を理解することを学びました。

おそらく、二人が遭遇した最大の困難の一つはジェニファーが生命にかかわる病気に直面して彼女の仕事を辞めざるを得なくなった時でした。その時まで、二人の女性は彼女たち自身を強くて、自立して、経済的に自身を養うことができたと述べています。ジェニファーは、病気になっただけでも迷惑をかけることになるのに、その上急にルイーズに経済的に依存することになるという考えは受け入れ難いと感じました。

ルイーズはジェニファーの健康問題を助けて家計を経済的に支えていた時、遠い過去のある時点でジェニファーはかつて同じことを彼女のためにしてくれたという「感覚」を持ったのでした。後に、ジェニファーは過去世退行を行って、そこで彼女はかつてルイーズを同じように助けた生涯を見ました…

それは至近距離での戦闘が中心の長い戦争の時代でした。その時、ルイーズと私はともに男性でした。その戦争によって、ルイーズは自分の土地、財産を失いました。私はその戦争の間も仕事は順調で、自分の家、土地、そしてお金を守っていました。ルイーズは私の所へやってきて私と一緒に暮らしました。そして私は彼女を生涯サポートしました。その体験のため、私は現在の状況は過去の生まれ変わりからの間違いなく『お返し』であると気がつきました。私はそれが分かったので、自分が経済的な独立性を維持するという考えを諦めることができたのでした。

現在、二人の女性は彼女たちの関係が二人の基盤だと述べています。彼女たちが課題や困難に向き合い、互いを助けるためにそこにいる。それは彼女たちにとてつもない強さと安らぎを与えます。今でも彼女たちは揺るぎのない愛を抱いてお互いに貢献しています。彼女たちは一緒になったことによって、愛する方法、成長する方法、そしてより良い人間へと進化する方法を学んだと確信しています。「私たちはお互いが成長するのを助けるために引き合わされたのだと思います。そして私たちは来世がもっと良くなるように、この生涯でできる限り学びたいと思っています！」

その他のリーディングからの学び

リーディングは、ソウルメイトの関係が時間をかけて築かれるという事実を繰り返し示し、結婚を考えている28歳の弁護士に、幸福はただ存在するものではなく、むしろ創造できる体験だと言いました。ケイシーは、そのカップルが結婚することを決めたなら、二人がいつもお互いを頼りにして生きるべきだとアドバイスしました。彼らはまた、自分の態度が原因で自分自身を決して失望させないように促されました。適切な態度とスピリチュアルにフォーカスすることを維持しながら生きると、彼らの結婚に必ず幸福、平安、そして満足を感じることができます、と。（939－1）

リーディングのためにエドガー・ケイシーに会いに来たある夫は、妻との関係が望ましいものではないと言いました。彼は二人には共通点がほとんどないことに不満を述べました。彼は、ただ子どもたちのためだけでいいので、どうしたら妻と一緒に取り組んで、二人の更なる愛情と善意を体験できるのかを知りたいと思いました。ケイシーは彼に「もしあなたが奥さんの立場なら、あなたはどんな男性を夫にしたいと考えるのか？」と尋ねました。彼はそのようなタイプの夫のように行動し始めるように促されました。結果として、そのカップルの関係は変わるだろうと言われました。（3411－1）

20歳のアーティストは彼女がとても厄介な友人との関係を断つべきかどうか知りたいと思いました。ケイシーは、友達は多いに越したことはなく、それぞれの関係は本質的に重要なので、その関係に取り組み続けるように彼女を励ましました。（1828－1）

別の人はあらゆる関係を癒やし始めるために最も良い方法は単に、他人の短所を最小にして長所を拡大し始めることだと言われました。

家族の中に調和を求めている男性は、彼の思い通りにしようとしたり、彼の考えに他の人たちを引き込もうとしたりするのではなく、彼が変えることができる人間は彼自身であると言われました。彼は、他人を変えようとすることを止めるため、そして彼の人生の出来事で他の人たちを非難するのを止めるために、自身の中に調和を求めるように励まされました。彼自身が調和していないので、彼の家庭生活は調和していませんでした。もし彼が彼自身の中に求めていた変化を起こすなら、彼の家族の関係はそのお返しとして癒やされるでしょう、と。（4733―1）

夫婦関係についてアドバイスを求めていた36歳の女性は、彼女自身の意志や個人的主張によって彼女の夫を変えようとするのではなく、彼女は彼からお返しに望む行為と同じ振る舞いを彼にするべきだと言われました。魂の真理について彼女が理解していることを彼女の夫に理解させるにはどうしたらよいかを知りたいと思った時、それらの真理について常に彼に言い続けるのではなく、彼女の身近な例を通して彼に見せることがもっと上手く行くだろうと助言されました。彼女が家計のような、二人の間に起きる困難をどのように対処できるかを尋ねた時、彼女はその問題を「怒ってではなく、激怒してではなく」彼らが二人の共同の課題であり義務を一緒に解決できるように話し合う方法を見つけるように勧められました。

アドバイスは「特別な地球滞在の目的を忘れないように」——

エドガー・ケイシーのリーディングからの最後の例では、23歳の女性が近づきつつある彼女の結婚についてのアドバイスを求めていました。リーディングの始めにケイシーは彼の望みは「魂とそれぞれの人の精神の成長に最も役に立つ」情報を得ることだと述べました。（480―20）リーディングはそのカップルはお互いに補い合う能力を持っているが、もし結婚が「フィフティー・フィフティー」であることを忘れるなら、彼らは対立して終わる可能性があると言いました。

その女性は生まれつきリーダーになる傾向があり、彼らの結婚でより大きな影響力を持つことになると言われました。彼女はいずれにしろこの事実に留意して、夫の能力や活動に決して影を落とさないように促されました。お互いにどちらかがどちらかに従属するのではなく、二人は彼ら自身の中に持っている最高を、対等に、共有するように勧められました。

彼らの意見が違った時、二人は決してお互いに「罵ったり」怒ったりしないで、「いつも一緒に落ち着いてよく議論する」ようにアドバイスされました。彼らは自分自身の活動と同じように相手の活動に興味を持つように勧められました。違う趣味を持つことや活動をすることは良いのですが、二人はお互いにありとあらゆる機会に協力するように勧められました。彼らは、お互いが仕事、娯楽、休養のための時間を取れるように時間を割り当てるように言われました。これらのすべての努力において、彼らはお互いに協力するように言われました。彼らが協力する時、彼らの結婚はお互いにとって役に立つ経験であり、人生の「最高の影響力」になるだろうと言われました。

理想的には、天使が彼らの家庭を訪問したいと望む、天使がお客になりたくなる「天国の家」を地上に映したものにすることでした。そこは単に休むため、寝るため、あるいは食べるための場所ではなく、そこに入ったすべての人たちが、その家のエネルギーに神聖な感覚、役に立つという感覚、そして希望に満ちた感覚を感じることができる場所にすることでした。

彼らの結婚での調和に関して、二人は「私たちは明日調和しよう――来週しよう――来年そうしようなどと考えないようにアドバイスされました。その代わり、彼らがお互いに毎日協力して、より完璧な一致を築くことを提案されました。彼らが疑いや恐れを抱く時はいつでも、お互いに協力して、彼らの心配事を創造主が助けることができる瞑想や祈りに取り組むようアドバイスを受けました。彼らはこの提案に従うなら、彼らの結婚は祝福されて実り多いものになるだろう。そして彼らは地上における神の愛の水路として使われるだろうと言われました。

長年、ケイシーは人生で個人が何だったのかはそれほど重要ではなくて、人生体験や人間関係によってどのような人になる過程だったのかが重要だと、人々に助言しました。魂が個人の完全性を探す限り、ソウルメイトの関係は私たちが出会うすべての人間との間で築くことが可能であり、必然でさえあると彼は信じていました。難しいのは、これらの関係の中には時には自身が実践するという困難な過程を通して私たちに個人的な変化や変容を求めているものがあるということです。さらに、ケイシーは人と人との現在の関係がどのようなものであれ、個人的な癒やしが起こり得ると断言しています。おそらく、私たちの一人ひとりは、一度に一つの関係を癒やしながら自分がいる世界の片隅を変えるように求められているのです……

そして、もし一人ひとりの魂の実体（そしてこの実体は特に）が――実体の言葉や行動によって――世界をより良く、世界の片隅や場所をもう少しより良く、もう少し希望があり、もう少し忍耐強い、もう少しきょうだい愛を示し、もう少し親切にし、もう少し寛容にしないかぎり、実体の人生は失敗です。特に成長という点に関しては失敗です。たとえあなたが全世界を手に入れたとしても、あなたの特別な地球滞在の目的を失うなら、あなたは自分自身のことをほとんど考えていないに違いありません。

３４２０－１

Part 11

創造主と「魂（宇宙意識のソウルメイト）」との交流について

私が世に属していないように、彼らも世に属していないのです……父よ、あなたが私の内におられ、私があなたの内にいるように、すべての人を一つにしてください。彼らも私たちの内にいるようにしてください。そうすれば、世は、あなたが私をお遣わしになったことを、信じるようになります。
あなたが下さった栄光を、私は彼らに与えました。私たちが一つであるように、彼らも一つになるためです。

ナザレのイエス　ヨハネによる福音書17：16、21－22

エドガー・ケイシーのリーディングの視点から見ると、すべての人類を結びつける共通の絆があります。簡単に言えば、その絆は一つの神がいてすべての魂はその創造主の子どもであるという事実から生じています。このことからすると、宗教が――その仕組みはスピリットと私たちの関係を強化することを意図したはずですが――人類として私たちをまさに最も分断したそのものであるかもしれないのは悲しい皮肉です。多くの人たちは、人類に対する幻滅のために神への信仰を放棄しました。リーディングは、その問題に取り組むために、特定の教義にフォーカスするのではなく、個々の魂が日常生活において、愛、親切、寛容、忍耐といった魂の本質に覚醒し、顕現することを学ぶことの重要性にフォーカスします。さまざまな宗教が存在することに関してケイシーは次のように述べています：

……違いは何ですか……真実は一つの源からです。木に例えて言えば、樫の木、トネリコの木、松の木といった木があるでしょう。あれやこれやの経験をするためにこれらの宗教のニーズがあるのです……すべての魂はその成長と発展のために自分に合った宗教を探し当てるでしょう。他の宗教の欠点を見つけてはいけません。あなたの宗教がいかに良い松の木、トネリコの木、樫の木、あるいはぶどうの木なのかを示しなさい！

２５４－87

スピリットの究極の本質はただ一つのもの「ワンネス」それしかない！

同じように、ケイシーは33歳のユダヤ人の株式仲買人に、創造主は存在するすべての源なので、すべてのスピリチュアルな旅の最初の教訓は、「ただ一つのもの――ワンネス」だ、神のワンネス、人間関係のワンネス、フォースのワンネス、時間のワンネス、目的のワンネス、あらゆる努力のワンネス、ワンネス、ワンネス、ワンネス！」であるべきだと言いました。（９００－４２９）つまり、すべての創造物は神の一部なのです。しかし、そのまさに同じユダヤ人に対して、リーディングは、一部の人にとってワンネスの真実を理解させることは、三次元の現実を二次元で生きる存在に説明するのと同じくらい難しいかもしれないということを認めたのでした。魂は、日常生活で、魂の本質（愛、親切、寛容、忍耐）を意識的に実践することで顕現するのです。そして、それに従って、個人は成長し、進化するのです。

かつてある作家がエドガー・ケイシーに、神が先ず魂を作ろうと思った理由を尋ねた時、その答えは表現を求め交友関係を持ちたいという神の願望からだということでした。（5749－14）創造主が交友関係を必要としているという考えは、一見意外に思えるかもしれませんが、究極的には神の本質は愛であることを考えると、それは理にかなっています。ケイシーは、愛について「見返りを考えずに自分自身を与えること」だとするのがベストの表現であると言います。この観点から、愛は他の人たちとの関係を持つ過程を通してだけ顕在化することができるのです。神は愛を体験するために私たちを必要とするのです。

魂に関する限り、魂は原因と結果の力を体験しようとして肉体の中に自身を見つけます。そして、ついに完全な愛を顕現することを学んで創造主のふさわしい仲間になります。

エドガー・ケイシーのリーディングは人々にスピリットの究極の本質を思い起こさせることがよくありました。ケイシーの視点からは、それぞれの人は肉体ではなく――すべてを愛する創造主のイメージで作られ――地上で物理的な体験をすることになっている魂の存在です。つまり、魂は一連の肉体を持った生涯を経験するかもしれませんが、それは単なる肉体だけのことではありません。聖書でまさに述べられているように、魂は「神のイメージ」で作られました。（創世記1：26）従って、魂の自然な状態はスピリットです。

神は創造の過程で、それぞれの魂に完全な選択の自由と自己表現を見つける機会を与えました。

以上から、それぞれの魂の本質は――魂の真のアイデンティティと完全性との関係を探している――「探究者」です。私たちは生涯を探すことに費やしていますが、不幸なことに実際に何を探しているのか全く分かっていないかもしれません。ケイシーの視点からは、それは究極的に創造主と私たちの関係なのです。魂によって繰り返される本質的な質問は「私は誰ですか？」かもしれません。この質問に対する回答はそれぞれの魂が自身に会うために特別な体験を選択する時、無限にあります。この過程が終わると、すべての魂は最終的に自身の個性そして神との交流に目覚めるだろうとケイシーは信じていました。

ケイシーは37歳の教師に、彼女が地上で魂として求められていることは、それほど難しくない、「ただ親切であること、ただ忍耐強くあり、仲間の人たちにただ愛を見せることだ」と言いました。そのように一貫して生きることによって、彼女は地上にスピリットをもたらす水路になるだろうと言いました。彼女はそのうち自分の一部が創造主の子どもであることに再び目覚めることになるだろうと言われました。ケイシーは「魂は、そしてその創造主のもとへ戻らなければならないし、戻るだろう」と断言しました。魂は創造の力の一部であり、肉体という有形物をも動かすエネルギーになります。（272－9）

別の女性は、すべての一つ一つの魂にとって人生の究極の目的は、ただ人がそのスピリチュアルな本質に再び目覚めてその過程で創造主と「相応しい仲間」になることであると気づかされました。彼女は次のようにアドバイスを受けました。彼女自身が「なぜどうして私はこんな体験をすることになったのか？」と疑問に思う時はいつでも、彼女に愛と奉仕を表現させるという目的のために彼女の人生に送られて来た人たちを探すことで答えが得られるだろうと。彼女が周りの人たちと楽しく働くにつれて、周りの人は彼女が自身を見つけるのを助けることになるだろう‥

利己主義、恨み、怒りなど、魂の本質から外れると人は成長しません。これらのものは、あなたを創造のフォース、エネルギー、あるいは神から分断するのです。そうではなく、単純さ、優しさ、謙虚さ、誠実さ、我慢強さ、忍耐によってあなたの魂は成長するのです。これらは魂の特性であり、魂が人との交わりの中で実践することで、魂の成長が促されるのです。518－2

この考えを念頭に置いて、76歳の工場主はどのような人生でも魂が成長するか退化する

かは、いかに上手くその魂が他者への愛と奉仕に専念したのかによると言われました。（1767―2）

51歳の主婦の母親は、28歳の問題を抱えている息子をどのように導き、指導するのが最善なのかを尋ねました。彼女は彼をコントロールせず、彼女のやり方を押し付けず、愛とサポートを優先するように促されました。「愛情のこもった寛容さで、愛情のこもったつながりで、援助や助けが必要とされる時、与えられる時、いつでも応えられるように」。（255―12）彼女は息子を愛してアドバイスや助言を与えることができましたが、彼女は彼のために彼の人生を生きることはできません。ケイシーは彼女に、究極的に、「それぞれの魂は神に戻る道を見つけなければならない」ことを認識させました。

51歳の家庭教師は「法の全体」は簡単に次のように表現されると言われました。「心を尽くし、精神を尽くし、体を尽くして神を愛せよ。あなたの隣人をあなたと同じように愛しなさい」。（1250―1）同じように、27歳の作家は、どの宗教に入っているかに関係なく、イエスの生涯はすべての人類のための模範としての役割を果たしたと助言されました。この観点から、イエスは地上のすべての魂の「兄」でした。その男性がどうすればこ

のパターンに沿って生き始めることができるのかを尋ねた時、ケイシーは次のように提案しました‥

力強い勇敢な行為ではなく、あなたの知識や権力の称賛ではなく、魂の優しさに。愛、親切、辛抱、忍耐。これらをあなたの兄はあなたに見せました。そしてこれらをあなたの仲間との付き合いの中で一日、一日、ここで少し、あちらで少し、働かせます。そうすればあなたがそうあるべきだと神が運命づけたように神と一つになる可能性があります！　あなたはあなた自身を離しますか？　というのは、あなたをあなたの神の愛、あなたの兄から離すものは天国にも、地上にも、地獄にもないからです。自分自身を救うのです！

849―11

もともと魂に刻まれたワンネスの意識に覚醒すること――これこそがケイシー・リーディングの核心！

他のリーディングでは、すべての魂の遺産であるこの行動パターンは「それぞれの魂が神とのワンネスの意識に目覚めることである。ワンネスの意識はもともと魂の心に刻まれており、意志による覚醒を待っているのである。」と説明されています。（５７４９－14）

人生の方向性を模索している61歳の未亡人は神の子どもとして、この神意識の一部を持っており、彼女の人生の目的は創造主の愛を顕現しようとすることにあるべきだと言われました。彼女は「ここに少し、あそこに少し、聖書の言葉には聖書の言葉、教訓には教訓」（３００３－１）といった最善に一致して生きるにつれ、彼女は徐々に魂の源について気づくようになりました。

個人的な完全性の感覚を感じるために交際や結婚を求めた37歳の女性は、「魂は個別の存在というよりも、むしろ宇宙意識のソウルメイトであると知ってください」とアドバイスされました。（２９８８－２）この同じ考えを念頭に置いて、ケイシーの情報に取り組んでいる人々のグループは「というのは、神はあなたがいないと孤独だからです」と言われました。彼らは周りの人たちに奉仕できる方法を見つけるように、そして「まさに神があなたを愛したように」（２５４７－６）お互いに愛することを学ぶように勧められました。

創造主が私たちを愛しているように、私たちはお互いに愛し合うべきだという理由は、私たちが同じ「神は愛」というエネルギーを自身の中に持っているので全く驚くべきことではありません。リーディングは、私たちが覚醒して成長するのは、次のようにお互いに手を差し伸べる時にだけ可能になると示唆しています：

そして、魂が時間や空間を越えて、あれやこれやの体験をしてきたように、魂はこれまでも今も、人間がお互いの関係の中で慈悲、愛、忍耐、辛抱、きょうだい愛、を正当化する機会をもっと与えるために存在していています。

少なくとも、私たちは、すべてを愛する創造主の子どもであるという事実によって、私たちは畏敬の念を持って責任を感じるべきなのです。簡単に言えば、その責任感はお互いを愛することを学ぶことです。この目的がどれくらい効果的に認識されているのかという疑問は、おそらくケイシーがある人々のグループに「……あなたは神の子どもとして地上にいる間に何を行ったのか説明する準備ができていますか……？」と尋ねた時に一番よく表れています。（364－7）

もし、ある日突然、すべての実体が生存している究極の目的は愛し方を学ぶことに過ぎないということに気づくなら、疑いもなく、世の中はガラッと変わるでしょう。哲学的な可能性ではなく、ケイシーは、やがてすべての魂がその認識に至ることに自信がありました。それは、それぞれの魂がその個人的な完全性を見つけ出すこと、私たちは一体的に切り離せない形で、私たちを作った創造主につながっていることを理解することを可能にする目覚めです。

結局のところ、私たちはみな創造主とソウルメイトであり魂の仲間です。

エピローグ――リーディングはソウルメイトの関係の中にある「目的」を明らかにする

人間が存在する限り、自分の人生で失ったものがあり、それを探す衝動に駆りたてられた経験がある人もいると思います。そして人はそれを他の人たちの中に見つけられると期待してずっと探すのです。人間関係のこの理想化された考え方が、しばしば「分身」、「ツインソウル」あるいは「ソウルメイト」を探すと表現されてきました。多くの人たちはソウルメイトの関係はとにかく人生を完全にする完璧な結びつき――現代社会で人気のある考え方――であると信じてきました。エドガー・ケイシーは、人はソウルメイトや魂の仲間たちを持っているという考えに確かに同意はしていましたが、彼の考え方は全く異なっていて、最終的にはもっと有益なものでした。

ケイシーはソウルメイトの状況は二人の人間の間に存在する完璧な関係というよりむしろ、継続中の学び、成長、そして経験のプロセスであると信じていました。完璧な関係は単に発見されるのではなく、作られるべきものなのです。ある人たちは現世で理想的な関係を持っているように見えるかもしれませんが、ケイシーの情報はこういうタイプの関係は、二人が一緒に取り組むことを学ぶにつれて時間をかけて進化したのだと示唆していま す。しばしば、人は「ソウルメイト」と思われる人を求めて煩わしい関係を捨てるのですが、結局、困難や苦労が新しい関係でも同じように起きるのを発見するだけなのです。ほとんどの場合、他の人たちは私たちの問題の原因ではありません――彼らは私たちの魂の成長と私たちが変容する必要のある教訓に出合わせてくれているにすぎません。

何十年にもわたり、ケイシーは何千人もの人々に彼らの人生においてポジティブな魂の関係を作るための実践的で役に立つアドバイスを与えました。その関係がカップル間、友人間、家族間、あるいはただ困難を抱えている二人の間であるかどうかに関係なく、ケイシーは私たちの最終的な目的はお互いに変容して成長することを助けることだと信じていました。理想的には、さまざまな人間関係の中で、一緒にいる機会を持つことによって、私たちは学習し、より良い人間になるのです。

彼の透視能力のおかげで、ケイシーは時間の経過とともに人間関係が発展するのを見る能力と、過去世の関係がどのように現世に影響を与えるのかを説明する能力を持っていました。ソウルメイトの関係は、魂がさまざまな時と場所で別の人の形で再開する人との継続的なつながりです。

そのつながりによって、二人は自分自身を知るようになって創造主との関係に気づくようになります。これらのソウルメイトのつながりは性的な関係の中だけにあるのではなく、親と子、友人や家族、同僚、そして私たちが最も苦手だと思う人たちとの間にも存在します。このため、各個人は個人的な成長のプロセスで助けてくれる多くのソウルメイトや魂の仲間を持っています。確かに、これらの魂の関係のすべては目的があるのです。

しばしばケイシーは人間関係を「フィフティー・フィフティーの提示」であると呼びました。そしてその中で最も重要な疑問は「私はこれから何を得るのですか？」ではなく「私がこの関係に貢献できる最高のものは何ですか？」になります。このことに留意して、ケイシーのリーディングは、真実の愛とは、情熱、欲望、あるいは愛着ですら全くなく、人が自身の中に持っている最高を与えるという無私無欲の行動であると示唆しています。

そうすることは必ずしも容易ではありませんが、すべての関係は成長と発展のための目的のある経験になる可能性を持っています。人が個人的な人間関係を「幸福あるいは不幸」として体験するかどうかは、最終的にはその関係をどのように実際に使うかにかかっています。数えきれないほどの場面で、ケイシーは人を変えるための能力は自分自身にあることを人々に思い知らせました。人々の間にある過去世のつながりに関係なく、人生の方向を形作るのは人が自由意志で行うことです。

人間関係、経験、そしてさまざまな生涯の継続的なプロセスを通して、魂は個人的な成長と発展のカリキュラムに自身が関わります。私たちは、あらゆるものを愛する創造主の子どもなので、ケイシーは他の人たちを愛する方法を学ぶことが、私たちが現世でするべきことである——最終的にはすべての魂はお互いにソウルメイトのつながりを認識するようになる——と信じていました。実際、魂が欠けたところがないものになればなるほど、他の人たちとつながることができます。人は魂レベルでお互いに引き寄せられます。それはお互いが唯一無二に補うものであるためではなく、一緒にいることによってそれぞれは相手が完全になるための推進力を相手に与えることができるからです。

ソウルメイトと魂の仲間の物語は、間違いなく魂の個人的な完全性を探し求める物語です。魂がそのスピリチュアルな源に再び目覚めることによってのみ達成されるのが完全性です。このため、結局、私たちがソウルメイトを探すことは神を探すことなのです。

訳者あとがき

私がエドガー・ケイシーについて知るきっかけとなったのは、2012年頃、知人の勧めで神楽坂の自宅近くにある福田高規先生の事務所を訪れた時のことです。福田先生はエドガー・ケイシー研究の第一人者とされる方で、当初、私は福田先生から食事や体操などのケイシーの健康法について教えを受けていました。そのうち、福田先生から瞑想のやり方についても教わり、ケイシーが形而上学的な分野でも功績を残していることを知りました。米国ではエドガー・ケイシーに関する書籍も多数出版されており、何冊か読んでいるうちに、このような書籍を翻訳して日本で紹介できれば素晴らしいことではないかと思い始めました。

そこで、出会ったのがケビン・J・トデッシー氏の著書です。氏はエドガー・ケイシー財団（A.R.E.　The Association for Research and Enlightenment, Inc.）のCEOも務めた方で、数多くの著書を出版されており、日本でも多くの講演実績があります。氏の著書のうち翻訳したい本は複数あったのですが、版権がA.R.E.に属するのかトデッシー氏に属するのか明確ではなかったので、トデッシー氏に直接メールで問い合わせてみました。トデッシー氏は版権が自分に属するとしたうえで、日本で講演した時の反響を考えると本書Soul Mates & Soul Companionsを翻訳するのがいいのではないかとのアドバイスをくれました。そこで、ヒカルランドの石井社長に企画を持ち込んだところ、二つ返事でOKをいただいた次第です。

このように、話はトントン拍子に進んだのですが、いざ翻訳に取り組むとなると、なかなか一筋縄ではいきませんでした。特にエドガー・ケイシーのリーディングの部分は形而上学的な内容が文語体で書かれているため、日本語にするのは困難を極めました。しかし、逆に、「難解な文章だけに翻訳に挑戦する人は少ないだろうし、価値のある仕事である。内容が素晴らしいので、日本語に訳して日本で広めることこそ、日本人の幸福の役に立つのではないか」という使命感に変わりました。

翻訳にあたっては、不明な点は迷惑を顧みず直接著者のトデッシー氏にメールで照会し、納得いくまでやりとりしました。トデッシー氏の説明は奥深いけれども分かりやすく、難解な部分は「別の表現をすればこういう文章になる」と段落すべてを書き換えていただいたこともありました。

最後に、トデッシー氏はケイシーの信念のエッセンスを次のように総括してくれました。「人がこの世に生まれてくる理由は、究極的には、人との交流を通じて、忍耐強く、愛情深くなり、思いやり、親切心、共感力を磨いて、魂として成長するためである。言い換えれば、我々の目的は、過去世や現世での体験を通じてより良い人に成長することであり、人はお互いの成長を助けるためにこの世に生まれてきた。我々は、愛情深く親切心に富んだ人と接することで、同じように愛情深く親切になれる。また、我々は、怒りを感じている人や卑劣な人と接することによっても、忍耐強くなり、思いやりを持とうと努力する。究極的には、他人との人間関係を通じてどうすれば崇高な人間になれるかを学ぶのである」と。

これはある意味、「人は何のために生きるのか」という哲学的な命題の答えです。

本書の翻訳を終えて、私は西田幾多郎の「善の研究」を思い出しました。西田哲学では愛や善（自己の発展完成）を軸として「人は何のために生きるのか」を探求しています。二人が日本と米国という交戦国であるにもかかわらず共通の思想を抱いていた点で、人生哲学の普遍性に思い至ると同時に、二人が終戦を迎えた1945年という同じ年に亡くなった点で不思議な一致を感じる次第です。

読者の皆様も、本書で筆者が紹介する多くの事例や筆者が展開するエドガー・ケイシーの人生哲学を参考にして、崇高な人生を歩まれることを願って止みません。

最後になりましたが、本書の企画を採用いただいたヒカルランド社長の石井健資様、版権取得に尽力いただいた株式会社日本ユニ・エージェンシーの竹内えり子様、翻訳にあたってサポートいただいた英語教師ベンジャミン・スミス様、本書の校正にあたってご助言ご支援いただいたヒカルランドの岡部智子様、それと何よりも本書を薦め、本書の翻訳にあたり助言・指導をいただいた著者のケビン・J・トデッシー氏に謝意を捧げたいと思います。

2024年9月

清水 登功

【著者プロフィール】
ケビン・J・トデッシー　Kevin J. Todeschi
エドガー・ケイシー財団（A.R.E.）元CEO。トランスパーソナル心理学修士。約40年間A.R.E.の事業に従事し、理事、CEOを含めさまざまな役職を歴任。6大陸で何千人もの人たちに講演実績を有する。日本でも4回（1992年、1993年、2003年、2019年）の講演を行い、近年ではリモートによる講演も実施。著書は25冊以上。代表作は『The Best Dream Book Ever』『Edgar Cayce on the Akashic Records』『Edgar Cayce on Reincarnation and Family Karma』『Dream Images and Symbols』『Edgar Cayce on Mastering Your Spiritual Growth』など。

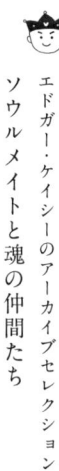

【訳者プロフィール】

清水登功　しみず のぼる
株式会社WINPIC代表取締役。

東京大学法学部卒、シカゴ大学経営大学院でMBA取得。

住友銀行（現三井住友銀行）入行、ニューヨーク支店、総務部、海外コンプライアンス室長、法人営業部長2カ店を歴任。2013年株式会社WINPIC設立。エドガー・ケイシー研究の第一人者とされる福田高規に師事。

著書に『不祥事ZEROの経営』（2023年つむぎ書房）がある。

Email：noborutsk@hotmail.co.jp

エドガー・ケイシーのアーカイブセレクション

ソウルメイトと魂の仲間たち

第一刷 2024年9月30日

著者 ケビン・J・トデッシー
訳者 清水登功
発行人 石井健資
発行所 株式会社ヒカルランド
〒162-0821 東京都新宿区津久戸町3-11 TH1ビル6F
電話 03-6265-0852 ファックス 03-6265-0853
http://www.hikaruland.co.jp info@hikaruland.co.jp
振替 00180-8-496587

本文・カバー・製本 中央精版印刷株式会社
DTP 株式会社キャップス
編集担当 岡部智子

ISBN978-4-86742-409-4

最強のケイシーグッズ！

ひまし油湿布セットA&B

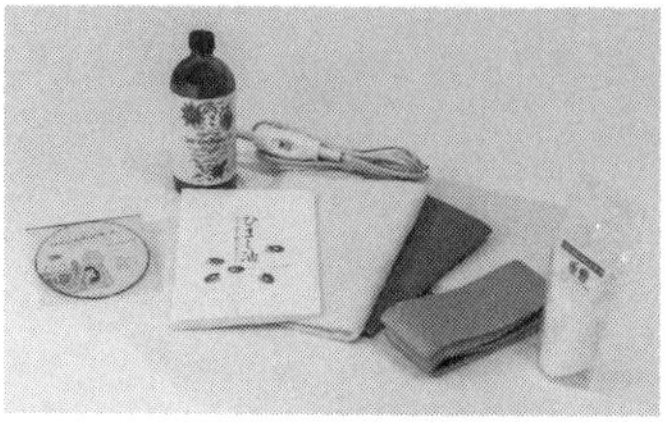

セットA　22,850円（税込）～

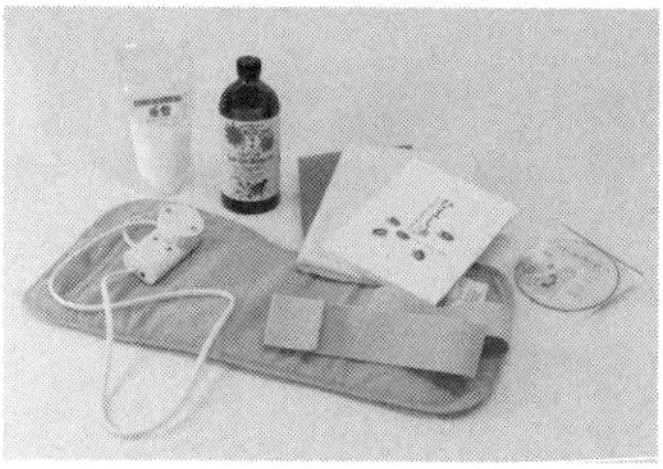

セットB　46,980円（税込）～

セット内容

◆A、B共通のもの

ひまし油（500mℓ）／コットンフランネル１枚／オイルカバー（エンバランス加工）１枚／重曹／ひまし油小冊子／使い方DVD

◆温熱ヒーター

＊ＡとＢは温熱ヒーターの機能が異なります。

セットＡ：アンポヒーター（お財布にやさしいシンプルタイプ）

セットＢ：パーマクリスト（２段階のタイマーと温度調整機能や電磁波軽減の直流電流設計）

◆多くのリーディングですすめられたひまし油湿布

エドガー・ケイシーが残したリーディング14,306件のうち、病気の治療や美容健康の増進に関する「フィジカルリーディング」と呼ばれるものは9,605件にのぼります。そのうち545件ですすめられた、最もポピュラーな治療法が「ひまし油湿布」です。

それは、ひまし油を浸して温めた布をお腹（肝臓の周囲）に巻いて、１時間程度休む、というシンプルなもの。温めて使うことで効果が高まり、癒しの作用も働きます。

◆ケイシーがすすめた３つの排泄促進法

ケイシー療法で使われる排泄促進法は３つあります。肝臓が疲れたときの「ひまし油湿布」、大腸の掃除「洗腸（コロニクス）」、消化を整える「リンゴダイエット」。体をしっかりデトックスしたいときは、この３つを行うと効果的です。これからケイシー療法にチャレンジするという場合は、この中で一番試しやすい「ひまし油湿布」からスタートするのがおすすめです。

【お問い合わせ先】ヒカルランドパーク

＊ご案内の価格、その他情報は発行日時点のものとなります。

エドガー・ケイシーの基本原理 4 原則

CARE

ホリスティック医学の生みの親とも言えるエドガー・ケイシー療法の基本原理は4つあります。英語の頭文字をとって「CARE」と呼ばれています。

Circulation（循環）

血液、リンパ液からなる体液と神経の流れを良くすること。

◆主な実践法

ひまし油湿布、整骨療法（オステオパシー）マッサージ、運動

Assimilation（同化）

食物を消化吸収する能力のこと。

◆主な実践法

食事療法（体内を弱アルカリ性に保ち、毒素を生じさせない食事をする）

Relaxation/rest（休息）

必要な休息と充分な睡眠をとること。

◆主な実践法

ひまし油湿布、インピーダンス装置を使った治療、適度な運動

Elimination（排泄）

デトックス、体内を浄化すること。

◆主な実践法

ひまし油湿布、腸内洗浄、リンゴダイエット

「人生の中でひまし油に出会えたひとは、それだけで幸運な人である」

＊「ケイシーヒーリングの秘密」「癒しのオイルテラピー」より

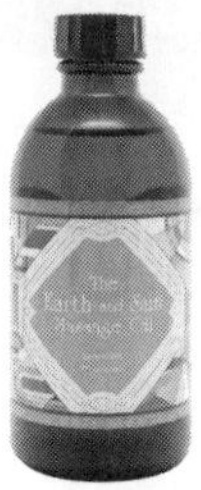

大地と光のマッサージオイル　（無香料220mℓ）　2,860円（税込）

エドガー・ケイシーがすすめた基本のマッサージオイルは、オリーブ油とピーナツ油をブレンドしたものです。ケイシーは、「この組み合わせのオイルを使ったマッサージは“皮膚への食事”のようなものである」とも述べています。また、このオイルでマッサージされた方からは、「シンクロニシティが起こりやすくなった」「鮮やかな夢を見た」という声も！　入浴前または入浴後に行うのが効果的。●成分：ピーナツ油、オリーブ果実油、液状ラノリン、トコフェロール

ピーナツオイル　（180mℓ）　2,948円（税込）

無農薬または低農薬、有機で栽培された米国産のピーナツだけを厳選し、有機 JAS 認定工場で製造しています。熟練の職人さんにより、一番搾りの油のみが使われるという徹底ぶり。出来上がりは原料のわずか１割ほどで、ここまで丁寧に搾るピーナツオイルは世界でも稀です。ピーナツオイルはエドガー・ケイシーがすすめた基本的なオイルのひとつで、通常はオリーブオイルと混ぜてマッサージオイルとして使われます。●成分：ピーナツ油

ひまし油

500mℓ　5,720円（税込）

220mℓ　3,300円（税込）

世界的に貴重なオーガニックのコールドプレス（冷圧搾）のひまし油。一般的な精製過程を経ることなく製造された、オイル本来のエネルギーが活きている質の高いオイルです。ひまし油湿布はもちろん、肌の保湿やオリーブオイルなどとブレンドしてマッサージオイルとして使用することも可能です。ひまし油湿布の場合は、湿布用フランネル１枚に200〜250mℓのひまし油を浸して使います（約２か月間使用可能）。

●成分：ひまし油

ひまし油湿布長期使用の必需品！

コットンフランネル

５枚セット　4,600円（税込）

ひまし油湿布の必須アイテム、フランネル。漂白剤や合成ノリなどの化学物質を一切使わず、手間ひまかけて織り上げられた逸品です。ご家族用に複数枚あると便利です。サイズは約36×90㎝。

オイルカバー

10枚セット　5,200円（税込）

ひまし油湿布をする場合、このオイルカバーの上にフランネルを置いて、ひまし油を注ぎます。鮮度保持機能をもつエンバランス加工を施してあります。サイズは約33×45㎝。

【お問い合わせ先】

ヒカルランドパーク

＊ご案内の価格、その他情報は発行日時点のものとなります。

エドガー・ケイシー関連グッズ

大地の力シャンプー（300ml）　3,660円（税込）

抜け毛、薄毛、頭髪ケアが気になるあなたに！　ケイシーが髪のために薦めたクルドオイル（未精製原油）を配合したシャンプーです。安全性の高い植物由来の洗浄成分＆毛根を活性化する２つの成分（パンテノール、センブリエキス）配合。

●成分：水、ラウロイルメチルアラニンNa、ラウロイルアスパラギン酸Na、グリセリン、BG、ラウリルベタイン、コカミドプロピルベタイン、香料＊、塩化Na、オリーブ果実油、パンテノール、センブリエキス、ハッカ油、グアーヒドロキシプロピルトリモニウムクロイド、(クロロフィリン／銅）複合体、クエン酸、フェノキシエタノール、エタノール、炭酸水素Na　＊クルドオイル

エプソムソルト（2.2kg）　1,980円（税込）

ケイシー推奨の入浴剤。身体を温めて冷えとり＆柔軟性アップ！お肌もすべすべに。時差ボケ対策や浄化にも。

●成分：硫酸マグネシウム

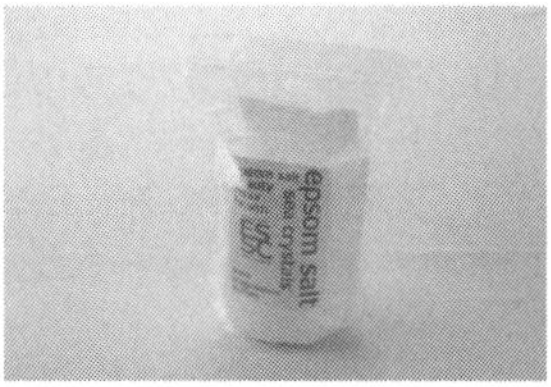

アルカサイモリン（300mℓ）　2,035円（税込）

数多くのリーディングで勧められた「グライコサイモリン」の日本版！　温湿布などケイシー療法のさまざまな場面で使えます。マウスウォッシュにも GOOD ♪

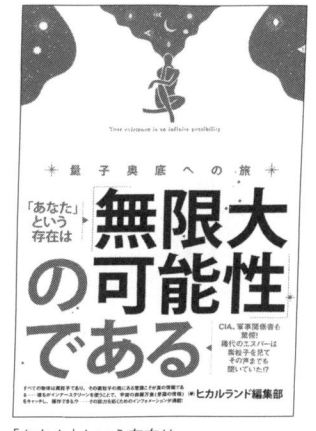

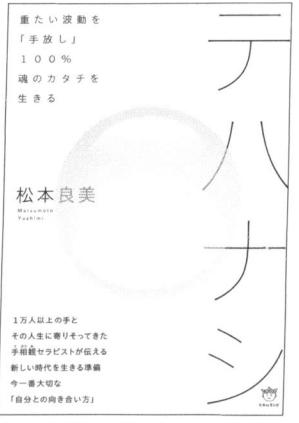

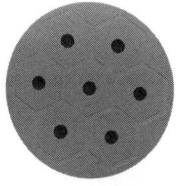

●成分：水、エタノール（溶剤)、グリセリン（湿潤剤)、ユーカリ葉油、サリチル酸メチル、チモール、メントール（着香剤)、炭酸水素Na（pH 調整剤)、安息香酸Na（防腐剤）

本といっしょに楽しむ イッテル♥ Goods&Life ヒカルランド

酸化防止！
食品も身体も劣化を防ぐウルトラプレート

プレートから、もこっふわっとパワーが出る

「もこふわっと　宇宙の氣導引プレート」は、宇宙直列の秘密の周波数（量子ＨＡＤＯ）を実現したセラミックプレートです。発酵、熟成、痛みを和らげるなど、さまざまな場面でご利用いただけます。ミトコンドリアの活動燃料である水素イオンと電子を体内に引き込み、人々の健康に寄与し、飲料水、調理水に波動転写したり、動物の飲み水、植物の成長にも同様に作用します。本製品は航空用グレードアルミニウムを使用し、オルゴンパワーを発揮する設計になっています。これにより免疫力を中庸に保つよう促します（免疫は高くても低くても良くない）。また本製品は強い量子ＨＡＤＯを360度５メートル球内に渡って発振しており、すべての生命活動パフォーマンスをアップさせます。この量子ＨＡＤＯは、宇宙直列の秘密の周波数であり、ここが従来型のセラミックプレートと大きく違う特徴となります。

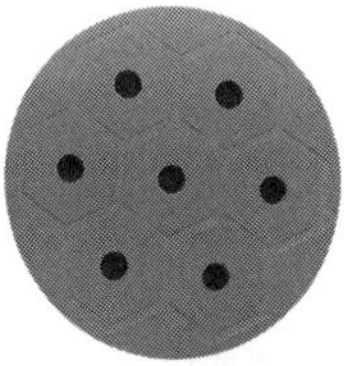

軽い！小さい！

持ち運び楽々小型版！

もこふわっと
宇宙の氣導引プレート

39,600円（税込）

サイズ・重量：直径約12㎝　約86g

ネックレスとして常に身につけておくことができます♪

みにふわっと

29,700円（税込）

サイズ・重量：直径約4㎝　約8g

素材：もこふわっとセラミックス
使用上の注意：直火での使用及びアルカリ性の食品や製品が直接触れる状態での使用は、製品の性能を著しく損ないますので使用しないでください。

ご注文はヒカルランドパークまで TEL03-5225-2671　https://www.hikaruland.co.jp/

＊ご案内の価格、その他情報は発行日時点のものとなります。

＊ご案内の価格、その他情報は発行日時点のものとなります。